KB241344

창의력 두뇌는
만들어진다

창의력 두뇌는 만들어진다

전경원 지음

아주 좋은 날

창의적인 실천은
창의적인 습관을 만들고,
창의적인 습관은
창의적인 두뇌를 만든다!

지금 전 세계는 총성 없는 창의력 전쟁에 돌입해 있다. 그런데 난감한 것은 창의력을 어디서 누구로부터 배워야 할지 갈피를 잡을 수 없다는 점이다. 그럴 수밖에 없는 것이 모르긴 몰라도 학원에서 몇 달 배운다고 얻어지는 능력이 아닌 것만은 다들 알고 있기 때문이다.

그렇다면 창의적이고 똑똑한 아이로 키우려면 누가 창의력 교육에 앞장을 서야 할까? 두말할 것도 없이 부모이다. 정부가 책임질 날만 목 빼고 기다리다가 땅을 치며 후회할 사람이 부모이기 때문이다. 하룻밤만 자고 일어나도 부쩍부쩍 자라는 아이는 하릴없이 그날을 기다려주지 않는다. 그러므로 부모는 맥없이 손발 놓고 기다릴 것이 아니라 시대를 앞질러가는 현명함을 발휘해야 한다.

이제는 창의력 교육도 무작정 브레인스토밍 하는 시대는 지나갔다. 뚜렷한 방향성을 가지고 창의력 교육을 시작해야 한다. 그 새로운 키워드로 융합형 인재 양성, 스마트 기기로 창의력과 문제해결능력 키우기, 미래 직업에 대한 안목 키우기가 꼽힌다. 부모도 이제 융합교육을 할 수 있어야 하고, 스마트 기기를 활용하여 창의력 교육을 할 수 있는 전문적인 능력을 갖춰야 하는 시대가 된 것이다.

아이와 함께 이제껏 '가나다라'와 'ABCD' 외우는 데만 열중해 왔다면 하루라도 빨리 정신을 차려서 창의력과 친구가 되어야 한다. 아이가 창의력 두뇌를 가지게 되면 오감각이 생생하게 깨어나고, 신이 나서 공부를 하게 되고, 스스로 찾아서 책을 읽으며, 그 무엇을 하든 호기심 가득한 표정으로 집중력을 발휘하고, 적극적이고 자신감 있는 태도가 저절로 만들어진다. 그래서 학교에 가든, 집 안에 있든 늘 행복한 표정을 짓게 된다. 아이 인생에서 그 이상 더 바라는 것이 있는가? 부모로서 더 이상 바랄

게 없을 것이라고 믿는다.

창의적인 아이들은 어디서나 인기가 높다

창의적인 아이들은 평범한 아이들과 분명히 다르다. 상상의 세계를 자유롭게 여행하고, 새로운 게임방법을 찾아내고 만들어내며, 재미있는 이야기를 만들어낼 줄 알며, 친구에게 멋진 별명을 붙여주기도 한다. 그래서 창의적인 두뇌를 가진 아이들은 어디서나 인기를 얻고, 무엇을 하든 즐기는 모습을 볼 수 있다. 어떤 문제 상황이 벌어져도 당황하지 않으며 초롱초롱한 눈으로 해결책을 찾아낸다. 주변에 이런 아이들이 있다면 그 부모를 수소문해서 관찰해 보기 바란다. 틀림없이 아이 못지않은 창의적인 부모가 버팀목으로 서 있을 것이다.

세상에는 창의력을 계발하는 방법을 소개하는 책들이 꽤 나와 있다. 그런데도 내가 이 책을 쓰는 이유는 현명한 선택을 하고 싶은 부모들에게 '제대로 된 창의력 두뇌 만드는 방법'을 알려주고 싶어서다. 이 책은 창의력 교육의 중요성을 잘 알고 있고, 그렇다고 조급하게 생각하지 않으며, 자녀의 몸과 마음에 '귀'를 기울일 줄 알고, 아낌없이 손품과 발품을 팔 준비가 되어 있는 부모들을 위해 썼다. 전문적인 '멀티 플레이어'가 되고 싶은 부모라면 꼭 한 번 읽기 바란다.

작은 실천이 쌓이면 창의적인 습관이 된다

창의력이 중요하다는 것은 누구나 머릿속으로는 알고 있다. 단지 실천하지 못하는 부모들과 실천은 하고 싶지만 그 방법을 모르는 부모들이 있을 뿐이다.

우리나라의 주입식 몰이해 교육이 아이들에게 미치는 악영향을 알게 되면 부모가 어떤 입장을 취해야 할지가 명확해진다. 무한경쟁 시대를 살아가야 하는 아이들의 가장 큰 무기가 창의력 두뇌임을 깨달았다면 그것을 키워줄 수 있는 방법을 찾아야 한다. 나는 창의력 두뇌 키우는 비법을 누구보다 잘 알고 있다고 자부한다. 그중에서도 누구든지 마음만 먹는다면 시도해볼 수 있는 생활습관들을 소개하려 한다. 하나씩 작은 실천을 해나가다 보면 어느 순간 창의적인 생활습관들이 몸에 배어있게 될 것이다.

이 책을 다 읽은 후에는 아이의 창의력 두뇌를 직접 키울 수 있겠다는 자신감이 생기기를 바란다. 아마도 책을 읽어가다 보면 '아하' 하는 깨달음의 순간과 만나게 될 것이다. 그러면 당신은 전략적인 자녀교육의 세계로 한 발 내딛었다고 할 수 있다. 그 본격적인 발걸음은 당신과 아이의 '뇌 회로'를 창의적으로 재디자인할 수 있는 생활 속의 창의성 운동이 될 것이다.

창의력 두뇌는 부모의 선택이 만든다

창의력 두뇌를 키운다고 하면 엄청난 노력이 필요할 것 같아 괜한 두려움이 앞선다. 그런데 막상 방법들을 알고 나면 이전의 부담감이 우스워질 정도로 쉽고 간단한 것들이 많다. 나는 내 생활에서 30년 동안 '생활 속의 창의성 운동'을 실천해 왔다. 그 시작은 '창의력 두뇌는 생활 속에서 조금씩만 노력하면 키울 수 있다'는 믿음에서 비롯되었다. 그러자면 부모인 당신이 조금만 부지런해지면 된다.

실천에 앞서 먼저 준비해야 할 것은 당신의 마음속에 창의력과 놀면 창의력이 쑥쑥 자란다는 신념을 가지는 일이다. 그것도 아주 강한 신념이 필요하다. 그 위에서 몇 가지 방법을 지치지 않고 꾸준하게 실천해 가면 된다. 창의력 두뇌를 키우는 것은 메가 울트라 급의 마라톤 경기에 출전하는 것과 비슷하다. 창의력 경기에서 선수로 뛰기 위해서는 매일매일 창의적으로 두뇌를 사용하여 창의적인 두뇌 근육을 만들어가야 한다. 세상에 공짜로 얻을 수 있는 것은 하나도 없다는 것만 명심하자.

당신의 구닥다리 두뇌와 딱딱하게 굳어가는 아이의 두뇌를 최신의 창의적인 두뇌로 바꾸는 것은 오로지 부모의 '선택'에 달렸다. 아이에게 미치는 부모의 영향력은 실로 막대하다. 제 아무리 대단한 영재로 태어나더라도 부모의 잘못된 선택으로 평범한 아이로 자랄 수도 있다. 어린아이에에 있어 부모의 선택은 신의 영역에 버금갈 성노로 막대한 힘을 발휘한다. 그만큼 어렵고 힘든 여정을 걸어가고 있는 부모들이 그때그때의 순간에서 후회 없는 선택을 하기를 바라며, 마지막으로 이 땅의 모든 부모들에게 아낌없는 박수와 응원을 보낸다.

Contents

창의적인 아이는 2장
창의적인 부모 밑에서 자란다

3장 창의력 두뇌, 생활습관으로 만든다

4장 창의력 두뇌 키우기, 방법만 알면 쉽다

1장

창의력 두뇌는 부모가 만든다

"황금은 땅 속에서보다

인간의 생각 속에서 더 많이 채굴되었다."

• 나폴레온 힐 Napoleon Hill •

큰 인물은 창의적 융합인재에서 나온다

'한 우물을 파라'는 말도 이제는 옛말이 되었다. 예전에는 자기 전문 분야의 지식만 갖추고 있으면 성공할 수 있었다. 그러나 지금은 다르다. 한 전문 분야의 지식만으로는 창의적인 문제해결력을 발휘하기 어렵고 생존하기 어려운 세상이 되었다. 이제는 자신의 전문 분야에서 탄탄한 기반을 닦아서 다른 분야로 나아가 새로운 지식을 융합할 수 있어야 한다. 그렇다면 지식도 융합하는 시대에 적응하기 위해서는 어떻게 해야 할까?

융합시대를 사는 아이들

미국을 비롯한 전 세계에서 '융합'이 화두가 되고 있다. 미국의 경우 1990년대부터 STEM교육을 중심으로 한 통합교육을 강조하고 있다. STEM이란 'Science, Technology, Engineering, Mathematics'의 약자를 딴 것으로, 하나의 교육과정에서 과학, 기술, 예술, 수학 등을 모두 융합해 교육하는 방식이다. 우리나라에서도 이런 시대적 흐름을 반영하여 융합형 인재 양성교육에 나섰다. 우리나라는 STEM에 Art를 추가해 STEAM교육을 하고 있다. 그 최종 목표는 물론 융합형 인재를 키우는 데 있다.

융합형 인재의 대표적인 인물은 다방면에서 재능을 보였던 르네상스의 거장 레오나르도 다빈치Leonardo da Vinci를 꼽을 수 있다. 레오나르도 다빈치는 〈모나리자〉를 그린 화가로 유명하지만 그의 노트에는 오늘날의 전차, 행글라이더에 해당하는 설계도가 남아있다. 예술뿐 아니라 의학, 수학, 공학, 연극연출, 무예, 건축설계까지 능수능란했던 다빈치는 STEAM에 완벽하게 부합하는 융합형 인재라고 할 수 있다. 안타까운 점은 현실적으로 이런 다재다능한 능력을 가진 사람이 거의 없다는 것이다. 또한, 융합형 두뇌를 갖는다는 것이 그리 녹록한 일이 아니다. 어쩌면 레오나르도 다빈치가 역사상 전무후무한 융합형 인재일 수도 있다.

스티브 잡스Steve Jobs는 첨단 IT기술을 예술감각적인 디자인과 융합시켜 아이폰과 아이패드를 만들어 전 세계 사람들을 열광시켰다. 마크 주커버그Mark Zuckerberg는 페이스북을 만들어 전 세계 사람들을 하나의 공간에서 소통하게 만들었다. 두 사람의 공통점은 인문학을 공부했다는 점이고, IT 분야에서 창의적인 업적을 남겼다는 것이다. 잡스는 철학과를 다니다가 중퇴했고, 주커버그는 컴퓨터 공학과 출신이지만 심리학을 복수전공했다. 자신들의 인문학적 지식과 IT 기술을 융합하는 탁월한 능력이 있었던 셈이다. 즉 자신의 전공 분야뿐만 아니라 다른 분야까지도 통합적으로 이해하는 인재, 즉 융합형 인재였다. 이 시대는 바로 이런 인재들을 원한다.

경계를 허물고 통합하는 인재로 키워라

창의적인 융합형 인재를 만들기 위해서는 무엇보다 국가 차원에서 그에 적합한 교육을 시도해야 한다. 융합형 인재는 타고나는 것이 아니라 만들어지기 때문이다.

시대적인 흐름에 따라 사회 전 분야에서 과학과 예술, 언어와 역사를 융합 교육하려는 움직임이 활발하다. 분야 간의 경계를 허물고 통합하여 '창의 융합 인재'를 키우려는 목적에서다. 영재교육의 교육내용에도 변화가 일어나고 있다. 과거에는 영재교육이 과학영재에 치중되었는데, 이제는 과학과 예술의 통합을 강조하는 융합 인재 양성에 초점을 두고 있다.

2015년에 개교하는 세종과학예술영재학교를 그 예로 들 수 있다. 세종과학예술영재학교는 레오나르도 다빈치와 같은 융합형 창의 인재 육성을 목표로 한다. 예술적 심미안이 있는 과학 영재를 육성하는 것이 이 학교의 목표이다. 다른 분야와 교류할 수 있는 과학영재를 키우기 위한 학교이기 때문에 과학영재만 입학할 수 있고, 예술 분야의 영재는 지원할 수 없다.

입시 전형은 3단계로 이루어져 있다. 1단계에서는 학생기록물 평가를 위해 학생부, 자기소개서, 추천서를 종합적으로 검토한다. 2단계에서는 수학·과학 역량 검사, 수학·과학과 예술·인문 소양에 대한 창의성 및 문제해결력 검사, 에세이 쓰기를 실시한다. 3단계에서는 개인 면접 및 융합역량 평가가 이루어진다. 이 단계에서는 팀 프로젝트 과제를 수행하면서 다른 사람의 의견을 효과적으로 수렴해 공통의 결과물을 만들어내는 능력을 본다. 입학생 선발 때부터 융합 능력을 중요한 기준으로 삼고 있는 것이다.

인위적인 융합은 창의력에 해가 된다

여기서 한 가지 주의할 점은 융합의 의미를 잘 이해해야 한다는 것이다. 앞에서도 말했지만, 융합이란 자기 분야에서 기본 역량을 잘 키운 다음에 그것을 기반으로 새로운 분야로 가서 지식을 쌓고 자유롭게 사고하는 것을 의미한다. 다시 말해, 진정한 융합이란 공학 분야에서 기본 역량을 키운 다음에, 공학적 역량을 토대로 하여 예술 분야로 나아가 새로운 지식과 접목하는 것을 의미한다. 그런데 무조건 두 가지 이상을 섞는 것으로 잘못 이해하고 있는 사람들이 많다. 예컨대, 과학과 예술, 공학과 예술처럼 두 분야를 단순하게 섞으면 융합이 일어난다고 본다. 나노사이언스가 인기 있는 주제가 되면 관련 학과들이 합쳐서 나노사이언스과를 만드는 식인데, 작위적으로 두 분야를 섞는다고 융합이 되는 것은 아니다. 인위적인 융합은 창의력 발휘에 오히려 해가 될 수 있다.

그렇다면 융합교육은 어떻게 이뤄져야 할까? 먼저 유아교육에서는 일찍부터 융합교육의 중요성을 인식해 통합교육을 해왔다. 미국의 경우를 살펴보면, 미국과학위원회가 '프로젝트 2061(1985년에 시작한 것으로 전 국민의 과학 소양을 높이기 위해 유치원에서 고등학교까지의 과학 및 수학 기술 교육을 개혁하기 위한 프로그램)'을 통해 과학교육의 통합적 접근을 제시했다. 과학교육의 통합적 접근을 시도한 결과 과학적 문제해결능력, 과학적 태도, 과학적 탐구능력, 과학적 개념, 창의성 증진에 긍정적인 효과가 있는 것으로 밝혀졌다.

유치원의 융합교육, 어떻게 이루어질까?

통합적 유아과학교육이란 과학적 개념을 과학 활동에서만 가르치는 것이 아니라 유아의 일상생활 속에서 미술, 요리, 이야기, 게임, 노래 등의 활동과 관련지어 수업하는 것을 의미한다. 우리나라의 경우, 2013년부터 시행되고 있는 누리과정을 보면 예술경험영역과 자연탐구영역에 융합교육과 관련된 활동들이 많이 들어가 있다. 누리과정 교사용 지도서를 살펴보면 자연탐구와 예술경험이 융합된 활동이 두드러진다.

가령, 신문지로 종이찰흙을 만드는 활동을 하면서 과학교육과 예술교육의 융합교육을 한다면 다음과 같은 활동이 이루어진다.

우선 신문지를 물에 넣으면 어떤 변화가 일어나는지를 관찰하고 그 과정을 탐색한다. 그 다음에는 밀가루, 찹쌀가루, 옥수수가루, 녹말가루 등의 재료를 물에 넣고 변화 과정을 관찰한다. 물에 젖어 종이찰흙이 된 신문지로 창의적인 물건을 다양하게 만들어 본 후, 다시 말려서 그 차이점을 비교해 본다. 이렇듯 신문지와 새로운 물질이 만나면서 어떻게 변화되는지를 살펴 보는 과정에서 물질의 변화를 탐색하는 과학교육 내용과 창의적으로 물건을 만들어 보는 예술활동이 결합된 융합활동이 이루어지는 것이다.

교과서에도 융합 바람이 불다

그렇다면 초·중·고등학교에서는 융합교육이 어떻게 이루어지고 있을까? 2009년도 초등 개정 교육과정에 따른 교과와 교과서를 분석해 보면 교과간의 경계보다 연계를 강조하는 것을 확인할 수 있다. 예를 들면 수학과 사회, 미술 수업시간에 선사시대 동굴벽화에 사용된 물감과 유화의 개발 역사를 알아보는 식이다. 미술시간에도 과학과 역사를 배우는 이런 교육이 바로 융합교육이다.

가령, 미술시간에 템페라 기법을 소개하며 과학교육과 예술교육을 접목시키는 융합활동을 할 수 있다. 템페라 기법은 달걀이나 아교질, 벌꿀, 무화과 나무의 수액 등을 용매로 사용해 색채가루인 안료와 섞어 물감을 만들어 그림을 그리는 기법이다. 이 기법은 1410년까지 지속되었는데, 당시의 화가들은 직접 광물이나 식물에서 색채를 마련했다. 색채가 있는 광물을 맷돌에 갈아서 색채 가루인 안료를 만들고 여기에 용매를 섞어서 물감으로 사용한 것이다. 템페라는 유화와 달리 부드러운 색의 흐름을 내기가 어려워 약간 딱딱

한 느낌이 나는데, 그들은 템페라를 나무판자 위에 칠하여 그림을 그렸다. 미술시간에 단순하게 템페라 기법에 대해 말로만 설명하는 데 그칠 것이 아니라 달걀노른자, 벌꿀, 아교라는 용매의 특성을 이해하고 두 가지 물질을 섞었을 때 어떤 반응이 일어나는지 직접 실험한다면 과학교육까지 융합할 수 있다.

좀 더 나아가 프레스코화와 템페라화의 발전과정을 설명하면서 유화용 그림물감의 탄생 과정을 덧붙여 소개할 수도 있다. 프레스코화와 템페라화의 단점이 보완되어 만들어진 것이 유화용 그림물감이다. 창의적인 문제해결능력의 결과인 셈이다. 벽화화법 중 대표적인 프레스코화는 기원전부터 로마인에 의해 그려져 왔던 것인데, 소석회에 모래를 섞은 모르타르를 벽면에 바르고 수분이 있는 동안 채색하여 완성하는 회화이다. 습식 프레스코화가 발전되어 건식 템페라화가 탄생했다. 이러한 특질을 가진 템페라화법이 유화용 그림물감으로 발전하는 계기가 된 것은 얀 반 에이크가 용매제로 기름을 섞어 한층 발전된 형태를 선보인 결과였다. 유화용 그림물감의 발명에 대한 것을 가르칠 때도 이렇게 과학과 미술을 융합하여 창의적인 문제해결능력을 보여주는 활동으로 전개하는 것이 바람직한 창의융합 교육이다.

다방면의 지식을 아우르는 융합교육

창의융합 교육의 예를 하나 더 들어보면, 파블로 피카소^{Pablo Picasso}의 작품 〈게르니카〉를 들 수 있다. 피카소는 "그림이란 집 안을 장식하는 데 그치는 것이 아니다. 그것은 적을 공격하고 방어하는 전쟁무기가 될 수도 있다"고 했는데, 이 작품에 그 의미가 잘 나타나 있다. 〈게르니카〉는 스페인 내란의 참상을 담은 작품이다. 스페인 내란 중 독재자 프랑코 총통은 나치의 폭격기를 동원해 바스크 지방의 게르니카를 폭격했는데, 3시간 동안 2,000명이 넘는 시민이 학살당하고 수천 명이 부상을 당해 마을이 완전히 쑥대밭으로 변했다. 스페인 사람인 피카소는 이 소식을 듣고 〈게르니카〉 벽화를 그려 전쟁의 참화를 세상에 알렸다.

〈게르니카〉를 보면 피카소가 강력한 분노를 표현하기 위해 어떤 디자인적 요소들을 빌려왔는지, 어떤 상징들을 사용했는지 알 수 있다. 그는 절망감을 표현하기 위해 흑, 백, 회색의 색상만을 사용했고, 폭력을 연상시키기 위해 인물들을 왜곡해서 표현했다. 부러진 칼을 꼭 쥐고 있는 잘려나간 팔은 패배를 표현하고, 죽은 아이를 품고 있는 어머니의 울부짖음은 공포와 절규를 암시한다.

이렇게 예술작품을 통해 스페인 내란이 발발한 이유와 함께 전쟁의 절망감, 공포와 폭력을 표현하기 위해 피카소가 사용한 창의적인 상징과 디자인적 요소들을 수업에 적용하여 창의적인 융합교육을 할 수 있다.

융합교육은 하나의 지식 전달로 끝나는 것이 아니라 다방면의 지식을 아우르는 것이다. 융합 인재를 양성하기 위한 교육은 학문의 통합을 꾀하면서 창의력과 문제해결능력이 더해진 창의적 융합인재 교육을 의미하므로 호기심이 왕성한 유아, 초등 시절에 적극적으로 적용하는 것이 바람직하다. 나아가 중 · 고등학교, 대학교에서는 체계적인 지도가 확대되어 이루어져야 한다.

창의적인 생활습관 만들기

아이와 함께 샌드위치를 만들어 보자. 단순한 요리 활동이 아니라 수학, 과학, 미술, 음악 활동까지 함께하는 융합교육을 할 수 있다.

'샌드위치 하나를 네 명이 나눠먹으려면 어떻게 자르는 것이 가장 좋을까?', '샌드위치를 만들 때 오이를 살짝 절여서 넣으면 왜 좋을까?', '가장 맛있게 보이는 샌드위치를 만들려면 어떤 재료를 쓰면 좋을까?', '샌드위치를 먹을 때 어떤 음악을 들으면 가장 좋을까?' 등의 질문을 하고 이야기해 보자.

내 아이의 영재성을 찾아라

아직도 '영재'라고 하면 공부를 아주 잘하거나 IQ가 높은 사람을 떠올리는 경향이 있다. 하지만 IQ가 높아 '수재' 소리를 듣고, 학교 성적이 월등하게 높다고 해서 무조건 '영재'라고 단정할 수는 없다.

선천적으로 타고난 능력을 가지고 영재를 판별한다면 그야말로 유전적 요소만이 영재를 규정하게 될 것이다. 하지만 제아무리 선천적인 재능을 타고 났더라도 후천적인 노력과 학습이 없으면 영재성을 살리지 못한다. 반대로 선천적인 재능이 다소 부족하더라도 후천적인 노력이 크다면 충분히 영재성을 발휘할 수 있다.

최근 영재 학자들은 선천적인 능력과 더불어 과제 집착력과 창의성을 영재 판별의 기준으로 제시하고 있다. 즉 노력하지 않는 영재는 결코 진정한 영재가 될 수 없다는 이야기다.

그렇다면 오늘날의 영재는 어떤 사람들일까? 과학, 체육, 음악, 미술 등 각각의 분야에서 세계 정상급의 활약을 펼치고 있는 우수한 인재들을 영재라고 할 수 있을 것이다. 예를 들어 김연아처럼 피겨 스케이팅으로 세계 정상에서 탁월함을 발휘하거나, 박세리나 박인비처럼 골프를 잘해서 세계 정상에 우뚝 서거나, 비디오아트라는 창의적인 장르를 개척한 세계적인 아티스트 고(故) 백남준 선생의 경우가 그렇다. 또한 신이 내린 목소리라고 찬사를 받는 소프라노 조수미나 신영옥, 음악계에서 눈부신 활동을 펼치고 있는 정경화나 정명훈 같은 인재들도 영재라고 할 수 있다. 그 외에도 어린 나이에 바둑계에 입문해 세계 최연소 타이틀 획득과 역대 최다 연승기록을 세운 이창호 9단, 지칠 줄 모르는 체력과 한 박자 빠른 센스로 세계무대를 누빈 축구선수 박지성 등도 타고난 재능을 발휘한 사람들이다.

영재성은 노력을 통해서만 빛이 난다

그렇다면 이들은 선천적으로 타고난 영재성 때문에 자기 분야에서 최고의 자리에 오른 것일까? 아니면 후천적으로 부모와 교사의 적극적인 도움을 받아 영재성을 발휘하게 된 것일까? 제아무리 타고난 능력이 뛰어나더라도 후천적으로 그 능력이 계발되지 않으면 영재성은 빛을 발하지 못한다. 앞서 언급한 영재들은 타고난 능력을 계발하고 발휘하는 데 있어서 주변 사람들로부터 적극적으로 인적, 물적, 정신적 도움을 받았던 사람들이다. 자신의 의지와 노력은 물론 주변 사람들의 헌신적인 노력의 결과로 영재성을 성공적으로 발휘하게 되었다는 말이다.

골프선수 박세리의 경우 처음에는 육상선수로 운동을 시작했다. 하지만 아버지의 엄격한 지도 아래 골프채를 들게 되면서 운명이 바뀌었다. 박세리 선수가 중학교 때 담력을 기르기 위해 공동묘지에서 스윙 연습을 했다는 것은 유명한 일화다.

그런가 하면 세계 바둑의 일인자로 군림하고 있는 이창호 9단은 매우 특이한 재능을 가지고 있었다. 스승이었던 조훈현 9단은 당시 이창호라는 꼬마 아이가 바둑을 잘 두기는 하지만 천재적인 감각이나 센스는 떨어진다고 생각했다. 그런데 특이한 재능을 하나 발견했는데, 그것은 바로 아무런 표정 없이 심사숙고하는 태도였다. 조훈현은 이창호를 제자로 받아들인 후에도 특별한 비법을 전수하는 대신에 지도대국을 두면서 스스로 잘못을 깨우치게 했다. 가장 중요한 것은 다른 사람들이 모두 잠든 시간에도 홀로 바둑을 두었을 정도로 꼬마 이창호가 바둑에 미쳐 있었고, 노력을 게을리하지 않았다는 점이다.

즐겁게 배우고 노력하는 아이로 키워라

사람들 개개인에게는 누구나 잠재되어 있는 영재성이 있다. 숨어 있는 1퍼센트의 '영재성'을 찾아내어 그곳에 물을 주고 영양분을 제공하면 그 영재성은 하루가 다르게 자라난다. 우리는 자신의 숨어 있는 영재성을 스스로 키워 나가는 사람을 진짜 영재로 꼽는다.

영재교육과 관련된 여러 기관에서 영재 판별의 기준을 제시한다. 그 방법과 절차는 매우 다양하고 세분화되어 있는데, 아이의 나이가 많아질수록 보다 상세한 기준을 적용시킨다. 왜냐하면 어릴 때는 광범위한 범위에서 재능을 보이지만 연령이 높아질수록 특정 분야에서 재능을 꽃 피우게 되기 때문이다.

그리고 가장 특화된 분야의 영재로 선별해야 그 아이에게 제대로 된 교육을 할 수 있기 때문이다. 예를 들어 아주 어린 나이에 음악적 재능을 보이는 경우, 구체적으로 피아노를 가르쳐야 할지, 바이올린을 가르쳐야 할지, 작곡하는 법을 가르쳐야 할지를 선택해야 한다. 물론 그 선택의 기준은 아이가 가장 좋아하는 것이 되어야 하지만, 그 선택에 도움이 될 수 있도록 영재 판별의 기준을 제시하는 것이다.

여기서 핵심은 영재가 아니라 우리 '아이'가 되어야 한다. 혹시 아이가 기관에서 영재로 판정을 받았다고 해도 곧바로 영재아가 되는 것은 아니다. 특별한 능력이 있다고 해도 영재아로 키우기 위해서는 우리 아이가 제대로 그 능력에 합당한 교육을 받고 좋은 환경에서 즐겁게 성장해 나가도록 도와주는 게 중요하다. 다시 말하면 아이를 영재로 키우겠다는 부모의 욕심보다 '제대로' 키우겠다는 욕심이 중요하다는 이야기다.

또한 아이가 영재로서 재능을 발휘하기 위해서는 스스로 실력을 끊임없이 갈고 닦는 노력이 필요하다. 부모 욕심만 앞세워서 억지로 교육을 시킨다고 되는 일이 아닌 것이다.

아이가 스스로 노력하고 실력을 키워가기 위해서는 무엇보다 자신이 하고 있는 일에 '재미'를 느껴야 한다. 배우는 즐거움과 성취감을 느끼게 되면 더 많은 것을 습득하기 위해 자연스레 노력하게 되어 있다. '천재는 노력하는 사람을 이길 수 없고, 노력하는 사람은 즐기는 사람을 이길 수 없다'는 말이 있다. 즐거운 마음으로 배우고 열심히 노력하는 아이는 영재가 될 가능성이 높다는 의미도 된다.

아이의 잠재능력은 부모가 깨운다

노력하는 영재로 키우기 위해서는 아이의 재능에 맞는 맞춤식 교육이 필요하다. 그렇다면 우리 아이가 영재로 성장하기 위한 필수조건은 무엇일까? 그것은 훌륭한 스승과 특화된 교육환경이다. 그럼 아이를 영재 교육기관에 맡기면 문제는 모두 해결될까? 그렇지 않다.

아이에게 가장 필요한 스승은 바로 부모이다. 아이에게 최적의 교육환경을 만들어주는 것은 결국 부모의 몫이다. 제아무리 뛰어난 재능을 갖고 있다 하더라도 제대로 된 부모의 사랑과 헌신이 없다면 기계의 능력을 향상시키는 것 이상의 의미가 없다.

아이의 잠재능력이 제대로 발휘되는 데도 부모의 역할이 필수적이다. 최소한의 동기부여가 부모에게서 비롯되기 때문이다. 아주 단순한 진리지만 아이들은 어떤 식으로든 자신의 존재를 인정받고 싶어한다. 그중에서도 가장 인정받고 싶은 대상이 바로 부모다. 자신이 노력해서 얻은 결과를 부모님이 칭찬해 주기를 바라는 것이다. 그래서 부모는 아이를 가르치는 스승이 되기도 하지만 아이의 능력을 최초로 확인하는 존재이고, 그 결과와 성과를 함께 나누는 최후의 대상이기도 하다.

모든 아이들은 특별한 능력을 가지고 태어난다. 그런 아이를 부모가 어떻게 키우느냐에 따라 인생이 극과 극으로 갈린다. 과거에는 하늘이 내려준 재능에 따라 평범한 사람과 특별한 인재로 구분되었는지 모르지만 지금 이 시대는 어떤 환경에서 어떻게 자라느냐가 모든 것을 결정한다.

창의적인 생활습관 만들기

자녀가 어떤 분야에 재능이 있는지 잘 관찰해 보자. 선천적으로 타고난 영재성과 재능이 무엇인지 객관적으로 살펴보자. 그리고 무엇을 할 때 가장 행복해 하는지 아이가 보내는 내면의 소리에 귀 기울여 보자.

잘 노는 아이가 창의력이 뛰어나다

옆에서 지켜볼 때 노는 건지 일하는 건지 도통 알 수 없는 사람은 행복한 사람이다. 어른이든 아이든 즐거운 놀이 속에서 창의력을 계발할 수 있다. 시간 가는 줄 모르게 빠져드는 그 무엇인가에 귀 기울여 보자.

어린 시절을 한번 떠올려 보자. 숨바꼭질이나 술래잡기를 할 때 해 지는 줄 모르고 놀았던 기억이 있을 것이다. 특히 재미있는 놀이일수록 그 몰입도는 높아진다.

어떤 아이는 만화책을 볼 때 몰입하고, 어떤 아이는 레고를 할 때, 또 어떤 아이는 그림을 그릴 때 몰입한다. 어른이 되어서도 어린 시절 놀이에 빠져들었던 느낌으로 사회생활을 할 수 있다면 얼마나 행복할까!

어려서 개미 탐구를 즐겼던 프랑스의 작가 베르나르 베르베르^{Bernard Werber}는 개미에 관한 지식을 축적하여 《개미》라는 창의적인 소설을 썼다. 만화를 즐겨 읽었던 일본의 미야자키 하야오(宮崎駿)는 〈센과 치히로의 행방불명〉, 〈하울의 움직이는 성〉, 〈이웃집 토토로〉, 〈원령공주〉, 〈천공의 성 라퓨타〉와 같은 참신한 애니메이션을 만들어냈다.

창의력은 즐거운 놀이에서 나온다

어른들은 '논다'는 것에 인색하다. 아무 일도 안 하고 빈둥거리며 시간을 보내다가 은연중에 양심의 가책을 느낀다. 어른들은 그렇게 세뇌되어 왔다. 나를 비롯한 많은 어른들이 그렇게 자랐다.

그런데 창의력 두뇌를 키우려면 잘 놀 줄 알아야 한다. 놀지 않고 앉아서 공부만 하면서 창의력 두뇌를 키우겠다는 것은 어불성설이다.

자신이 좋아하는 일을 하면서 인생을 산다는 것도 그리 쉬운 일은 아니다. 그러려면 우선 자신이 좋아해서 몰두할 수 있는 일을 찾아야 하는데, 대부분의 사람들이 어른이 될 때까지도 자신이 진짜로 좋아하는 것을 모르는 경우가 허다하다.

미래는 재미있게 놀 궁리를 하는 사람들의 세계가 될 것이다. 그래서 혜안이 있는 부모들은 좋아하는 일을 놀이처럼 즐기면서 하는 아이로 키운다.

아이들은 변덕이 심하다. 새 장난감을 사주면 며칠 가지고 놀다 금세 싫증을 낸다. 그리고 다른 장난감을 사달라고 조른다. 그러니 장난감 대여업체가 호황을 누리는 것은 당연한 일이다. 그런 장난감도 아이의 나이에 맞춰서 잘만 제공하면 창의력 두뇌를 키워줄 수 있다.

아이들이 싫증을 잘 내는 특징에 착안해서 만든 장난감이 바로 블록이다. 블록은 아이가 상상하는 대로 무엇이든지 만들 수 있다. 성을 만들었다가 로봇을 만들 수도 있고, 비행기를 만들었다가 기차를 만들 수도 있다.

아이의 상상력에 날개를 달아줘라

사실 인형 하나만 잘 가지고 놀아도 창의력 두뇌가 만들어진다. 몇 년 전에 《상상의 날개를 달아주는 인형The doll book》이라는 책을 번역했다. 우리나라에서도 널리 알려져 있는 발도르프 유치원에서는 유아들에게 인위적으로 무엇을 가르치려 하지 않는다. 그들은 자유로운 상태에서 유아의 잠재능력을 최대치로 확장시키는 것을 목표로 하기 때문에 눈, 코, 입이 없는 인형이나 얼굴이 없는 헝겊 인형을 가지고 놀게 한다. 그래서 인형은 가지고 노는 아이가 누구냐에 따라 공주가 되기도 하고, 악당이 되기도 하고, 농부가 되기도 한다. 그들은 유아의 상상력에 그런 방식으로 날개를 달아준다.

유아들에게 있어 놀이는 삶 그 자체라고 할 수 있다. 유아의 통합적 발달을 도모하는 놀이는 유아 활동의 대부분을 차지한다. 유아는 놀이 경험을 통해 수동적인 관찰자가 아닌 주도자로서 사물을 탐구하고 조작하고 움직이는 역할을 한다. 그런 놀이 활동 속에서 유아는 유능한 행위자로서의 자신을 바라보게 되고, 감정을 이해하고 표현하는 것을 배우며, 다양한 사회적 기술을 익히고 새로운 지식과 정보를 획득한다.

유아의 통합적 발달에 중요한 역할을 하는 만큼 놀이는 흥미롭고 재미있고 즐거운 활동이 되어야 한다. 그러나 즐거운 놀이활동을 만들어주기 위해 매번 새로운 놀이환경을 조성한다는 것은 불가능에 가깝다. 그렇다면 아이가 제한된 놀이환경에서 즐겁고 신나게 놀려면 그 상황을 적절하게 변화시킬 수 있는 능력이 있어야 한다. 그것이 바로 뛰어난 모험심을 발휘하여 창의적인 산물을 창출해내는 창의력이다.

창의력과 놀이가 밀접한 관계를 갖고 있다는 연구결과는 많이 나와 있다. 리버만[Liebermann]은 "놀이를 좋아하는 특성을 지닌 유아들이 창의력이 높다"고 했고, 단스키[Dansky]는 "극놀이에 참여하는 유아들이 참여하지 않는 유아들에 비해 창의력이 높다"고 하였다. "극놀이를 할 때 발생하는 가상-전환의 기회가 창의력을 키우는 주된 요소"라고 주장한 서튼[Sutton]과 스미스[Smith]와 같은 견해를 가지는 것이다.

놀이에 빠진 아이는 상상 속에서 헤엄치다

그렇다면 놀이와 창의력은 어떤 관계가 있는지 살펴보자.

아이들의 놀이는 사물을 만지고 감각을 느끼기 시작하는 영아기 때부터 시작한다. 13~18개월 된 영아는 블록을 쌓고, 통 속에 든 물건을 꺼내고, 소리를 내는 물건을 찾을 수 있다. 타인의 목소리나 행동을 모방하는 데도 익숙해져서 최초의 상징놀이라 할 수 있는 '모방놀이'를 하게 된다. 가령, 인형에게 사탕을 먹여주고 엄마가 책 읽어주는 흉내를 낸다.

가상놀이와 타인을 흉내 내는 행동은 이 시기 영아들이 보여주는 창의력이라고 할 수 있다. 이때부터 영아들은 주변을 탐색하는 신체활동이 늘어나고, 시행착오적인 경험이 쌓이면서 창의적인 문제해결능력을 보여주게 된다.

19~24개월에는 재생과 기억능력이 발달되어 창의력의 기본 요인인 상상력이 발달된다. 그 결과 이전의 가상놀이와 문제해결능력보다 더욱 발달된 모습을 보이게 된다. 예컨대 가상놀이를 할 때 이 시기의 영아들은 인형을 목욕시키고, 머리를 감겨주고, 밥을 먹이는 것과 같은 상이한 행동을 결합하여 인형놀이를 한다.

만 2~3세가 되면 신체 발달도 왕성해지지만 인형놀이와 병원놀이, 혼자놀이 등에서 상상력이 더욱 왕성해진다. 호기심이 커지는 만큼 질문도 더 늘어난다. 상상력과 더불어 추리력도 발달되어 전화기를 가지고 누군가와 통화하는 흉내를 내거나 보고 들었던 것을 흉내 내고 어제 재미있었던 일을 이야기하는 등의 창의적인 행동을 하게 된다. 이외에도 창의적인 그림 그리기, 노랫말 개사하기, 다양한 형태의 건축물 짓기와 같은 창의적인 표현활동이 적극적으로 이루어진다.

만 4~5세는 가상놀이를 할 때 가상의 친구를 만들어 내거나 등장하는 사람이나 사물의 특징적인 역할과 사람과 사물 사이에서 일어나는 사건들을 흉내 낼 수 있다. 아이의 창의력이 최고조로 발달하는 때이므로 최대로 발달될 수 있도록 최적의 인적, 물적 환경을 조성해 주는 노력이 필요하다.

아이들의 놀이는 대부분 가상 상황에서 펼쳐진다. '만약 ~라면'의 가상 상황이 설정되면 아이들은 무한한 상상의 바다를 헤엄치면서 자신의 내재된 욕구를 자연스럽게 표출하고, 독특한 산출물을 생성하기도 한다. 아이들은 주변에 있는 다양한 사물을 놀이 속의 주인공으로 참여시킨다.

가령, 아이들의 놀이에 나무막대, 신발, 빗자루, 리모컨 등이 등장하면 원래의 용도는 중요하지 않게 된다. 그것은 놀이의 수단이고 아이의 생각을 대변하는 매개체가 될 뿐이다. 가령, 곡식을 이는 데 사용하는 키가 유아들의 놀이수단이 된다면 대형 모자가 될 수도 있고, 커다란 부채가 될 수도 있고, 방패가 될 수도 있다. 그걸 보고 사용법이 틀렸다고 지적할 사람은 없을 것이다.

기발한 아이디어는 놀이 속에서 나온다

사물의 용도를 다른 각도로 바라보는 융통성 있는 시각은 상상 속의 주인공을 새롭게 탄생시키고, 보다 다채로운 놀이활동을 이끌어낸다. 유치원 교실을 들여다보면, 블록 쌓기 영역에서 아이들이 무언가를 열심히 만들고 있다. 한 아이는 자동차를, 다른 아이는 로봇을, 그 옆의 아이는 아파트를 만들고 있다. 아이들은 똑같은 블록을 가지고 놀지만 만들어내는 산출물은 모두 제각각이다.

놀이에 필요한 대상물이 완성되면 아이들은 제각각 자신의 가상 상황에 빠져든다. 하늘을 나는 자동차를 만든 아이는 '슝~ 슝~' 소리를 내며 자동차를 날게 하고, 로봇을 만든 아이는 '피용~ 피용~' 뭔가를 발사시키는 소리를 내며 악당을 무찌른다.

독특하고, 창의적이고, 기발한 아이디어로 뭔가를 조작하고, 그려보고, 움직여 보고, 상상하는 활동은 놀이에 더욱 몰입하게 만든다. 그래서 아이들의 놀이활동은 자신만의 독특한 줄거리를 지닌 한 편의 드라마가 된다.

똑같은 놀이환경에서 놀아도 어떤 아이는 기존의 놀이와 전혀 다른 새로운 놀이를 찾아내거나 만들어낸다. 새로운 규칙을 만들기도 하고, 독특한 자기만의 작품을 만들기도 한다. 게다가 리더십이 있는 아이는 놀이를 주도하기도 하고, 친구들에게 놀이법을 설명해주기도 한다. 같은 놀이활동이라도 이처럼 창의력이 발휘될 때 보다 즐겁고 흥미로워진다.

아이들은 놀이활동에 참여하면서 전인적인 발달이 이루어진다. 즉 제한된 환경에서 발생하는 갈등 상황을 융통성 있게 해결하는 기술, 다른 사람과의 상호작용을 원만하게 이끌어가는 기술, 자신의 생각을 유창하고 정교하게 표현하는 기술, 다른 사람의 감정을 이해하는 기술, 나만의 독특한 사고와 산출물을 만들어내는 기술, 그 밖에도 많은 지적, 사회적, 언어적, 신체적인 발달이 함께 이루어진다.

우리 아이들이 놀이를 하면서 만들어내는 기발한 아이디어들을 민감하게 살펴보자. 그 독창적인 생각들이 단지 놀이에서만 가능하지는 않을 것이다.

오늘날의 발명품들이 어린 시절 놀이에서 발휘했던 무한한 상상력에서 나온 아이디어가 아니라고 누가 말할 수 있겠는가!

창의적인 생활습관 만들기

당신의 어린 시절을 떠올려보자. 어떤 놀이에 대한 기억을 가지고 있는가? 그 시절의 눈과 마음으로 돌아가 아이의 놀이를 수용하며 함께 즐기는 시간을 가져보자.

스마트폰에 점령당한 아이들, 통제가 답일까?

교육부가 2013년에 실시한 '초·중·고등생 스마트 기기 보유 현황 전수 조사'에 따르면, 초등생의 48.8퍼센트가 스마트폰을 보유한 것으로 나타났다. 스마트폰 보유율이 높다 보니 사용 비율도 과다하게 높아지고 있다. 실제로 미래창조과학부가 발표한 '인터넷중독 실태조사'에 따르면 청소년(만 10~19세)의 스마트폰 중독률은 18.4퍼센트로 전년보다 7퍼센트 증가한 것으로 나타났다.

부모라면 누구나 자녀의 스마트 기기 사용을 심각하게 고민했을 것이다.

스마트 기기를 지나치게 사용하여 중독되거나 잘못된 습관이 생기면 어쩌나 하는 우려의 마음에 아이의 스마트폰 사용을 통제하고 싶은 마음이 크다. 하지만 그러기가 쉽지 않다. 하루 스마트폰 총 사용량을 제한하는 앱을 이용해 사용시간을 관리하고, 학교 수업시간이나 취침시간에는 스마트폰을 따로 보관하는 것도 좋은 방법이다. 하지만 무조건적인 통제보다는 컴퓨터와 스마트폰을 제대로 사용해 창의력과 문제해결능력을 키워나가는 방향으로 이끄는 것이 더 효과적이다. 컴퓨터나 스마트 기기는 이제 우리 삶에서 떼려야 뗄 수 없는 생활필수품이 되었기 때문이다.

피하는 게 상책은 아니다

2015년부터 중학교에서는 소프트웨어 교육이 필수 이수과목이 된다. 이때부터 중학교 신입생들은 코딩 교육, 프로그래밍 등의 소프트웨어 과목 수업을 받게 된다. 초등학교는 2017년부터 정규 교육과정으로 지정되고, 고등학교는 2018년부터 일반 선택 과목으로 분류되어 교육받게 되었다.

2014년 7월, 판교 테크노밸리에서 소프트웨어 중심사회 실현 전략보고회가 있었다. 미래창조과학부 등 관계 부처 네 곳은 '소프트웨어 중심 사회 실현'을 위한 계획 방안을 마련했다. SW교육 프로그램과 교재는 2014년 9월부터 초 · 중 · 고등학교별로 코딩교육, 프로그래밍 등 총 6종을 개발하여 보급할 예정이다. 또 전국 4개 권역(수도권, 충청, 영남, 호남)의 대학 부설로 정보보호 영재교육원을 설치 · 운영하여 해커 대응 및 정보보안 우수인재를 조기에 발굴·육성한다는 계획을 발표했다.

　교육부 나승일 차관은 "창조경제 시대에 필요한 창의적 사고력과 문제해결능력을 갖춘 인재 양성 기반 조성을 위해서는 무엇보다 어릴 때부터 학교에서 SW교육을 체계적으로 배울 수 있는 교육 기회를 확대하고 정보보호 우수 인재를 조기에 발굴 육성해야 한다"고 강조했다. 이제는 컴퓨터와 스마트 기기를 무조건 피하는 것이 능사가 아니다. 오히려 좀 더 가까이하며 적절한 방법을 찾아내 적극적으로 미래 사회에 적응해 나가는 게 맞다.

스마트 기기, 똑똑하게 활용하라

스마트 기기의 발달로 손글씨 쓸 기회가 줄어들어 아이의 글씨체가 엉망이라고 걱정하는 부모들이 많다. 학원에라도 보내서 글씨를 잘 쓰게 해야 하는지, 손글씨 쓸 일이 점점 없어지니 그냥 두어도 되는지 고민이라고 했다. 직접 연필이나 펜을 쥐고 글을 쓰는 일이 줄어드는 것은 사실이다. 그런데 연필을 쥐고 글을 쓰는 것은 두뇌 발달과 직접적으로 관련이 있기 때문에 손감각을 살리기 위해서라도 하는 것이 좋다. 말하자면, 의도적으로 아날로그적 활동을 하면서 두뇌 발달의 균형을 유지해야 한다는 뜻이다.

　요즈음 스마트 기기로 아주 어릴 때부터 동화책을 읽는 아이들이 많다. 그러면 검지손가락만 사용하게 되므로 가끔씩 종이책을 읽도록 해야 한다. 두뇌 발달을 위해서 일기는 반드시 연필로 쓴다든지, 동화책을 펼쳐놓고 직접 손가락으로 넘겨서 읽는 경험은 어느 정도 유지하는 것이 좋다.

보고, 듣고, 만지는 다감각을 활용한 교육용 태블릿 PC까지 등장했다. 유아의 경우 마치 게임을 하거나 영화를 보는 것처럼 즐겁게 공부하는 프로그램도 등장했다. 스마트 기기로 교육하는 것이 대세다 보니 영아 때부터 그런 환경에 노출될 수밖에 없다. 스마트 기기로 동화책을 보거나, 애니메이션을 보거나, 게임을 즐기는 것은 일상적인 일이 되어버렸다. 다만, 가장 우려되는 것은 스마트 기기 속의 컨텐츠가 창의력을 키워주지 못할 수도 있다는 점이다. 따라서 스마트 교육의 장점을 잘 활용하여 창의력과 문제해결능력을 높일 수 있는 방법을 찾아 나가야 한다.

이럴 때 온라인 교육을 활용해보자. 언제 어디서나 학습을 할 수 있고, 다양한 최신 정보를 즉석에서 검색할 수 있다는 장점이 있다. 학생들이 과제를 해결하는 데 사용할 수 있는 정보 습득의 장점뿐 아니라 잘만 이용하면 정보를 창의적으로 생산할 수도 있다. 단지 정보 습득만을 할 요량이라면 꼭 스마트 기기를 사용하지 않아도 된다. 책을 보거나 PC를 활용해도 되니까 말이다. 그렇지만 스마트 기기는 정보를 생산하기 위해 아주 유용하게 활용할 수 있다.

예컨대, 그림을 감상하면서 그림에 대한 자신만의 감상노트를 만들어 볼 수 있다. 스마트 기기 앱 중에 S메모와 S노트를 활용하여 종이와 연필 대신 가로노트를 이용하여 그림감상노트나 그림일기 등을 제작할 수 있다. 초등학교 2학년의 '이웃 2'에 나오는 직업관련 카드를 그림과 함께 만들어 볼 수도 있다. 먼저 S노트를 실행한 다음 드롭박스에 탑재한 이미지를 배경으로 선택하여 다양한 직업을 설명하는 직업카드를 제작할 수 있다. 그 후에 S노트 파일을 드롭박스에 탑재하면 된다. 물론 이런 과정을 수행하려면 스마트기기를 잘 다룰 수 있는 기능이 필요하다. 인터넷 이미지 검색 및 복사, S노트에 이미지 삽입, 펜기능 사용 및 캡처하기, 갤러리 이동 및 캡처된 이미지 이름 변경하기, 캡처된 이미지 자르기 및 드롭박스에 탑재하기 등의 능력이 필요하지만 아이들은 쉽게 기능을 익힌다. 어른들은 처음에 그런 방법들이 있다는 것을 안내하는 역할까지만 하면 된다.

창의적인 생활습관 만들기

아이가 스마트폰으로 주로 무엇을 하는지 이야기를 나눠보자. 아이가 늘 게임만 하고 있는 것처럼 보이지만 필요한 검색도 하고 학습에도 활용하는 것을 알 수 있을 것이다. 학습에 활용할 때는 어떤 앱을 이용하는지도 물어보자. 주로 이용하는 엔터테인먼트 관련 앱을 물어보면 아이가 관심이 있는 분야가 애니메이션인지, 그림인지, 음악인지, 이야기인지 알 수 있다.

미래의 인재들은 어떤 직업을 가질까?

미래는 창조적 계급이 인정받는 사회가 될 것이다. 따라서 창의력은 미래 사회가 필요로 하는 인재가 되기 위해 가장 중요한 덕목이 되었다. 창조적 계급이란 단어를 처음 사용한 사람은 리처드 플로리다^{Richard Florida} 교수다. 창조경제를 개념화시킨 그는 자신의 저서 《신창조 계급^{CREATIVE CLASS}》에서 다음과 같이 말했다.

"앞으로의 기초적 경제 자원, 경제용어로 말하자면 '생산수단'은 더 이상 자본도, 자연자원도, 노동도 아니다. 그것은 지식과 정보일 것이다."

그러나 나는 창의력(지식에서 유용한 새로운 형태를 창조하는 것)이 주요한 동력이라고 생각한다. 내 공식에서 '지식'과 '정보'는 창의력의 도구이자 재료이기 때문이다.

《신창조 계급》에서 리처드 플로리다는 앞으로의 시대는 기존의 노동계급과 서비스 계급의 사람들이 계획에 따라 노동으로 일을 해 돈을 버는 반면, 앞의 두 계급보다 훨씬 더 많은 자율성과 융통성을 지닌 창조 계급의 사람들은 창의적인 일을 통해 돈을 벌 것이라고 했다.

창조 계급의 일원으로 키워라

창조 계급의 사람들은 하루아침에 만들어지는 것이 아니다. 그동안 겪어 왔던 지식과 경험으로 축적되는 것이다.

그렇다면 어떤 직업을 가진 사람이 창조 계급의 일원일까? 과학자나 기술자, 혹은 건축가나 디자이너, 작가, 예술가, 음악가라면 창조 계급에 몸담고 있다고 할 수 있다. 또 사업, 교육, 건강관리, 법 분야 등의 다른 직종에 종사하면서도 창조성을 중요한 업무요소로 활용하고 있다면 역시 창조 계급의 일원이라 할 수 있다. 미국의 경우, 국가 노동인구의 30퍼센트 이상에 해당되는 3,800만 명이 창조 계급을 이루고 있다. 그들은 일의 방식, 가치관과 욕구, 일상생활의 구조 등에서 심각한 변화를 가져오고 있다.

그렇다면 지금 뜨고 있는 직업이 미래에도 인기가 있을까? 당신의 아이가 미래에 어떤 직업을 가져야 할까? 의사, 변호사, 교수 등의 직업이 미래에는 인기가 없을 수도 있고, 아예 사라질 수도 있다. 따라서 남들과 비슷한 직업을 선택할 것이 아니라 남과 다른 차별화된 직업을 찾아야 한다. 자신의 재능과 창의력을 무시하고 이 시대에 남들이 '좋다'고 평가하는 직업을 갖게 되면 창의력을 발휘하기 어렵다. 그런데 우리는 너도나도 비슷한 직업을 선택해야 행복하게 살 수 있다고 착각한다. 이것을 본질주의적 오류^{natulalistic fallacy}라고 하는데, 반드시 극복해야 할 문제다. 결국 이런 본질주의적 오류는 창의력을 말살시키기 때문이다.

미래에는 어떤 직업을 가지든 기본적으로 창의력을 필요로 하고, 지금보다 더 창의력을 요구할 것이다. 따라서 혁신적인 아이디어를 낼 수 있는 직업을 찾아봐야 한다. 그러기 위해서 부모는 아이의 재능과 적성을 고려해서 어떤 직업이 가장 좋을지에 대한 혜안을 가져야 한다. 또한, 직업과 관련된 전체적인 교육 흐름에 대해 최신 정보를 습득해야 한다. 어떤 직업이 생기게 될지, 어떤 새로운 직업이 등장했는지 끊임없이 정보를 수집해야 한다.

그렇다고 미래의 직업에서 창의력만 요구하는 것은 아니다. 어떤 분야에서 창의력을 발휘하려면 그 분야에서 장기간 근면하고 성실하게 연구하고 집중할 수 있어야 한다. 그것도 보통의 성실성과 집중력이 아니라 탁월한 수준의 성실성과 집중력이 요구된다. 성실성이라고 하면 창의력과 상반되는 것처럼 생각하는 사람들이 있는데, 진정한 창의력의 승리는 결국 성실성, 근면성에서 만들어진다. 결국 한 분야에서 성실하게 몰입하면서 창의력을 발휘할 만한 직업을 탐색해야 한다.

뜨는 직업 vs. 몰락하는 직업

과거에는 평생 하나의 직업을 가지고 살았다면, 미래에는 일생 동안 세 개이상의 직업을 갖게 될 것이라고 한다. 지금은 존재하지 않는 직업이지만, 10년 뒤 우리 아이가 갖게 될 직업에는 무엇이 있을까? 떠오르는 직업 100가지를 소개하면 다음과 같다.

1. 항공공학 전문가 2. 손해보험 사정인 3. 정보시스템 감리 4. 특허관리 5. 디지털 영상처리 6. 천문 · 기상 연구원 7. 손해사정인 8. 보험계리인 9. 단순생산직 10. 대인서비스직 11. 설계엔지니어 12. 창조적 전문직 13. 경영컨설턴트 14. 생명공학자 15. 시스템분석가 16. 전문컨설턴트 17. 패션디자이너 18. 프로게이머 19. 정보보호컨설턴트 20. 웹방송엔지니어 21. 사회복지사 22. 심리 및 언어치료사 23. 커플매니저 24. 유머작가 25. 레크레이션지도자 26. 여행설계사 27. 음악치료사 28. 펀드매니저 29. 전자상거래사 30. 물류관리사 31. 선물거래중개사 32. 은퇴상담사 33. 재취업상담사 34. 호스피스 35. 노인병전문 영양사 36. 국제회의기획자 37. 아바타 디자이너 38. 코스튬플레이어 39. 모형제작자 40. 완구디자이너 41. 멀티미디어프로듀서 42. 항만물류관리 43. 리모델링 44. 헤어스타일리스트 45. 투자상담사 46. 쇼핑호스트 47. PI 컨설턴트 48. 인터넷광고 제작자 49. 조향사 50. 생명공학기술자 51. 컴퓨터보안전문가 52. 투어컨덕터 53. 정보검색사 54. 피부미용관리사 55. 동시통역사 56. 리눅스 전문가 57. 웹 마스터 58. 네트워크 보안 59. 사이버무역 60. GRO(Guest Relations

officer, 고객관리 전담요원) 61. 스포츠마케팅 62. 이벤트기획 63. 자동차딜러 64. 아동놀이지도 65. 박물관 학예연구 66. 캐릭터 마케팅 67. 김치 연구 제조 68. 금융포트폴리오 69. 전자출판 70. 상품기획 71. 외환딜러 72. 사이버교육 73. 플로리스트 74. 카지노딜러 75. 웨딩드레스 디자이너 76. 직업상담원 77. 텔레마케터 78. 이미지 컨설턴트 79. 광고 기획가 80. 브랜드 메이커 81. 컴퓨터 속기사 82. 컴퓨터 오퍼레이터 83. 영화기획자 84. 영상번역작가 85. 해외관광기획자 86. 북디자이너 87. 편집인 88. 일러스트레이터 89. 전문비서 90. 제과제빵사 91. 의류리폼사 92. 생활한복디자이너 93. 식이요법 전문가 94. 체커 95. 뉴스클리퍼 96. 미스터리샤퍼 97. 모빌DJ 98. 위기관리 홍보요원 99. 소믈리에 100. G.O(Gentle Organizer)

반대로 앞으로 몰락할 10대 직업에는 어떤 것이 있을까? 미국의 구인·구직 정보업체 '커리어캐스트'가 선정한 '10대 몰락 직종'이 발표된 가운데, 고용사정이 급격히 나빠질 대표 직업은 우체부라고 보도했다. 커리어캐스트는 미국 노동통계국의 고용전망 자료를 토대로 2012~2022년 사이 우체부의 고용하락률이 모든 직종 가운데 가장 높은 28퍼센트에 달할 것이라고 예측했으며, 이메일과 소셜네트워크의 발달을 그 원인으로 꼽았다. 우체부에 이어 농부(19%), 검침원(19%), 신문기자(13%), 여행사 직원(12%) 등의 고용이 줄어들 것이라고 예측했다. 신문기자는 온라인과 새로운 형태의 미디어 영향력이 급속히 커졌기 때문이고, 여행사 직원 또한 소비자들이 온라인이나 현지와 직접 연락해 여행 정보를 얻고 예약하는 것이 대세가 되면서 이런 직종은 앞으로 사라질 것이라고 했다.

커리어캐스트는 수학·통계 관련 부문을 유망 분야로 꼽았으며, 유망 직종으로는 통신·항공기정비·전자 관련 기술자, 웹개발자 등을 선정했다. 유망한 직업을 분석해 보면 정보통신기술ITC 분야가 많다. 우리는 정보통신기술 밀착사회에 살고 있다. 이런 사회에 필요한 정보통신기술ITC 분야에서 창의력을 발휘할 수 있는 다양한 직업에 관심을 가져보는 것이 좋다. ITC란 정보를 주고받는 것은 물론 개발, 저장, 처리, 관리하는 데 필요한 모든 기술을 가리킨다. 현대 사회가 스마트폰으로 정보를 얻고 스마트폰으로 오락을 즐기는 등 ICT 기술이 우리 생활에 밀접하게 들어와 있고, 앞으로는 더욱 필요하게 될 것이다.

아울러 문화예술과 관련된 직업도 많다. 지금도 그렇지만 앞으로는 더더욱 문화예술을 강조하는 사회가 될 것이고, 이와 관련된 창의적인 직업도 많이 필요해질 것이다. 이런 직업에 종사하려면 어려서부터 문화예술을 가까이 하는 것이 좋다. 당장 시작하기 어렵다면 국내·외 미술관 탐방을 하면서 예술적 감각을 키우는 것도 좋다. 상설전시 때에 한 번 다녀오는 것이 아니라 기획전시나 특별전시가 있을 때마다 다녀오자. 자녀와 함께 국내외 여행을 할 때 미술 작품과 문화유산을 찾아보는 것이 가장 좋다. 국내에 있는 유수한 미술관(국립현대미술관, 서울시립미술관, 예술의전당, 금호미술관, 간송미술관, 리움미술관, 호암미술관 등도 방문해 보고, 국외에 있는 루브르 박물관, 우피치 미술관,

미국 현대미술관, 미국 자연사 박물관, 미국 메트로 폴리탄 미술관, 비엔나 미술관, 동경 국립근대미술관, 중국 서안 미술관, 남경 미술관 등)도 기회가 되면 직접 가보자. 여행할 때 조금만 신경을 써서 문화예술 관련 활동을 하게 되면 자연스럽게 문화 예술과 가까워진다. 더욱이 요사이는 해외 박물관의 소장품들이 우리나라에서도 자주 전시되고 있어 해외 미술품들을 접할 기회가 많아졌다.

두말할 나위 없이 발품을 팔아서 직접 눈으로 보는 것이 최고지만 사정이 여의치 않을 때는 사이버 미술관을 적극 활용하자. 루브르 박물관 등 전 세계 박물관의 미술 작품들을 사이버 공간에서도 얼마든지 감상할 수 있다. 구글에서 제공하는 미술관 사이트에 접속하면 전 세계 미술품을 안방에서도 편안하게 관람할 수 있다.

창의적인 생활습관 만들기

아이와 함께 이 세상에 어떤 직업이 있는지 이야기를 나눠보자. 교사, 의사, 약사, 변호사, 간호사 말고도 완구 디자이너, 여행설계사, 광고기획자, 컴퓨터 디자이너, 로봇 개발자, 브랜드 메이커 같은 다양한 직업이 있다는 것을 알려주는 기회가 될 것이다. 또, 앞으로 사라질 것 같은 직업과 새로 등장할 것 같은 직업을 상상하는 시간을 가져보자.

창의력 두뇌가 만들어지면 지루할 틈이 없다

우리 시대는 '무한경쟁'의 소용돌이에 빠져 있다. 따라서 독특한 자녀교육관이나 방법을 가지고 있지 않으면 여유로운 삶을 살 수가 없다.

행복하게 세상을 살아가는 방법에는 여러 가지가 있다. 나는 그동안 창의력 교육만큼 인간을 행복하게 해줄 수 있는 방법이 없다는 말을 끊임없이 해왔다. 행복해지기 위해 우리는 시간과 돈과 에너지를 쏟아붓는다. 어떤 사람은 아름다운 외모를 위해, 어떤 사람은 더 좋은 대학에 들어가기 위해, 어떤 사람은 더 많은 명품을 사기 위해 올인한다.

나는 창의력에 관한 강연을 할 때마다 '행복'을 강조한다. 매일매일 창의력 두뇌를 키우기 위해 조금씩 노력하다 보면 매순간이 만족스럽고 즐거워진다는 것을 잘 알고 있기 때문이다. 인간의 행복은 교육수준, 나이, 소득수준, 성별과 얼마만큼 관련이 있을까? 이런 변수들이 행복수준을 설명할 수 있는 비중은 15퍼센트 정도에 불과하다. 행복의 본질적인 요소는 주관적인 것이고, 개인의 경험 안에 존재한다.

심리학자 리처드 스티븐스Richard Stevens는 행복이란 세 가지 요소로 이루어진다고 말한다. 첫 번째는 좋은 느낌과 긍정적인 마음, 두 번째는 활기 넘치는 생활, 세 번째는 인생에서 가치 있는 선택을 하는 의미부여이다. 버트런드 러셀Bertrand Russell은 "진정으로 만족스러운 행복은 우리의 능력을 최대한 발휘해서 우리가 사는 세상을 충분히 구현함으로써 가능해진다"고 했다.

행복의 감정적 상태는 기쁨, 만족, 황홀감, 환희라고 할 수 있다. 그것들의 공통점은 우리 모두가 원하는 특별한 감정이라는 것이다.

당신은 언제 행복하다고 말하는가? 은행잔고가 많을 때? 나를 찾는 친구가 많을 때? 맛있는 음식을 먹을 때? 푹 쉴 수 있는 연휴를 맞았을 때? 개그 프로그램을 보면서 깔깔대고 웃을 때? 일상에서 벗어나 휴가지로 떠날 때? 아이의 성적이 갑자기 올랐을 때?

일상생활에서 선택을 할 때마다 우리는 지금보다 더 행복해지는 쪽을 선택한다. 당신의 오늘은 행복한가? 평수 넓은 새 아파트로 이사하면 더 행복해질까? 유학을 떠난다면 더 행복해질까? 지금보다 살이 빠지면 더 행복해질까? 자녀의 학업성적이 오르면 더 행복해질까? 지금보다 월급이 오르면 더 행복해질까? 친구가 많아지면 더 행복해질까? 혼자 살면 더 행복해질까?

모든 사람들에게 행복감을 주는 보편적인 것이란 없다. 끊임없이 선택을 해 가면서 만족감을 느끼면 행복해하고, 그렇지 못하면 불행해할 수밖에 없다.

지루한 뇌, 창의성 일지로 깨워라

그렇다면 창의력과 행복은 어떤 관계에 놓여 있을까?

창의력은 인생을 제대로 사는 맛을 느끼게 해준다. 나는 30년 전부터 창의력을 키우기 위해 매일매일 하루에 한 가지씩 새로운 활동을 하는 '생활 속의 창의성 운동'을 해왔다.

미국에서는 매년 여름방학이 되면 각 대학에서 창의력을 강의하는 교수들이 한자리에 모여 자신의 강의계획서를 서로 교환해 보고 토론을 한다. 그것은 강의내용과 교육과정, 평가방법, 과제물, 필독서 등 다양한 내용들로 구성되어 있는데, 교수들은 각각 자신의 취향에 따라 다양한 방법으로 교육내용을 구성한다.

그중에서 교수들이 공통적으로 좋아하는 과제물이 있었는데, 그것이 바로 '창의성 일지'다. 창의성 일지는 그동안 자신이 한 번도 해보지 않았던 일들을 매일매일 하루에 한 가지씩 해보고 기록하는 것이다. 매일 똑같은 일을 하고 살아야 한다면 얼마나 지루하겠는가! 창의성 일지를 기록하게 되면 '뇌'는 지루함을 모르게 된다. 매일매일 창의적인 활동을 통해 즐거움과 만족감과 행복감을 느끼게 되기 때문이다.

이때의 경험을 통해 나는 창의력 두뇌와 행복감을 얻을 수 있는 비법을 알게 되었다. 그리고 매일매일 하루에 한 가지씩, 어떤 날엔 열 가지도 넘게 그전에 해보지 않았던 일을 시도하고 있다. 어떤 날에는 패러글라이딩을 시도했고, 열기구를 타고 창공을 난 적도 있고, 경비행기 조종을 해본 적도 있다. 어떤 날에는 새로 개장한 아트센터를 방문하고, 동네에 새로 오픈한 음식점을 찾아가기도 한다. 그러다 보니 새로 개봉하는 영화는 꼭 챙겨보게 되고, 신문기사는 물론이고 새로 나오는 신간 소식도 놓치지 않기 위해 노력한다.

오늘부터 당신도 창의성 일지를 써보자. 작성은 어렵지 않다. 그 예를 몇 가지 들어본다.

1. 자신의 뇌에 이름 붙이기 : 이름을 붙여주고 불러주면서 뇌와 친해지자.

2. 어린 시절로 돌아가기 : 어렸을 때의 사진 한 장을 욕실 거울 귀퉁이에 붙여두고(또는 나만의 공간에 붙여두고) 당시에 즐거워했던 놀이를 떠올려서 해보자.

3. 자신만의 타임캡슐 만들기 : 오늘 타임캡슐에 뭔가를 넣어 뚜껑을 닫고 100년 뒤 자손이 열어볼 수 있다면 당신은 그 안에 무엇을 넣고 싶은가? 그 목록을 만들고 타임캡슐 상자를 만들어 한 달 동안 물건을 모아보자.

언뜻 생각하면 매일 새로운 일을 한다는 게 부담스럽고 어렵게 생각된다.

그런데 그것은 '지나치게' 새로운 것을 해보려 하기 때문이다. 간단하게 생각하면 된다. 지금까지 살면서 아직 해보지는 않았지만 한 번쯤 해보고 싶었던 것을 하면 된다. 한 번도 핫팬츠를 입어본 적이 없다면 오늘은 핫팬츠를 사서 입어보자. 그리고 핫팬츠를 입었을 때 뇌가 느낀 감정이나 생각을 기록하면 된다. 청국장을 처음 먹었다면 그 기분이나 느낌을 적고 그림으로 그리거나 디지털 카메라로 찍으면 된다.

상상력을 마비시키는 일상에서 벗어나라

새로운 활동을 할 때는 정신을 바짝 차려야 한다. 내 안에 어떤 꿈이 있는지, 그 꿈에 귀를 기울이고 있는지, 비전은 가지고 있는지, 내가 세상을 살면서 정말로 하고 싶은 일이 무엇인지를 민감하게 알아차려야 한다.

부모가 먼저 꿈을 꾸는 창의적인 사람으로, 비전을 가지고 성장하는 사람으로 거듭나야 한다. 그래야 자녀도 창의적이고 행복한 사람으로 건강한 삶을 영위할 수 있다.

아우구스토 쿠리Augusto Cury의 소설 《드림셀러》는 교수가 자살을 기도하는 장면으로 시작된다. 인상적인 소설을 쓴 작가는 인터뷰에서 "한국인들이 자기 존재의 여정을 걸어가는 나그네가 되고, 자기 정신의 주인이 되길, 그리고 자기 생각의 관리자이자 자기 감정의 보호자가 되기를 기대한다"고 했다.

쿠리는 지루한 일상에 대해 《드림셀러》에서 이렇게 표현하였다.

"사람들은 언제나 똑같은 방식으로 잠에서 깨어나고 불평을 늘어놓는다.

화를 내는 방식이나 욕하는 방식도 똑같다. 가까운 사람에게 늘 똑같은 방식으로 인사하고, 질문이나 대답도 똑같은 방식으로 한다. 집이나 직장에서도 똑같은 농담을 주고받고, 똑같은 상황에서는 똑같은 반응을 보이며, 항상 똑같은 날에 선물을 주고받는다. 사람들의 일상은 피곤하기 짝이 없으며 눈에 훤히 들여다보이는 나날의 연속이다. 하루하루를 이렇게 살다 보니 불안과 고통, 허무, 피로에 시달릴 수밖에 없다."

우리가 살아가는 사회체제는 똑같은 방식으로 일하는 것을 강요한다. 계속해서 그러다가는 재미없는 세상이 되고 말 것이다. 가령, 매일 똑같은 음식을 먹는다면 어떨까? 똑같은 일만 한다면? 정해진 기념일에만 선물한다면? 매일 똑같은 시각에 일어나고 잠자리에 든다면? 인사말도 매번 똑같다면? 인생이 지루하고 권태로워지는 것은 시간문제가 될 것이다.

미래는 지금과는 전혀 다른 세상이 될 것이다. 무한경쟁을 벌이는 살벌한 시대에서 벗어나 자신이 좋아하고 흠뻑 빠질 수 있는 것을 찾아내 즐기는 시대로 바뀔 것이다.

무한경쟁 사회에서 창의력 두뇌는 살아남기 위한 무기인 동시에 개인에게는 인생의 참맛과 멋을 알게 해주는 아주 귀한 도구가 될 것이다. 창의력은 일상생활에서 행복감을 주고 숨겨진 잠재능력을 발견하게 하는 귀한 능력이다. 갇힌 사회에서는 창의력이 숨 막혀 지내지만 개방된 사회에서는 창의력이 자유롭게 숨을 쉬게 된다.

"변화에 가장 잘 적응하는 종이 살아남는다"

창의력 두뇌를 키우는 데 큰돈이 드는 것은 아니다. 그렇게 생각하는 부모가 있다면 이 책을 더 열심히 읽기 바란다. 이외수의 《하악하악》이라는 책에는 창의력에 대한 이야기 하나가 나온다.

어느 중학교 한문 시험에 "백문이불여일견(百聞不如一見)이라는 한자말의 뜻을 적으시오"라는 문제가 나왔다. 이에 한 학생이 "백 번 묻는 놈은 개만도 못하다"라고 답을 적었다. 채점을 하던 선생님은 학생의 창의력이 가상하다고 생각해 반은 맞은 걸로 처리했다.

과연 학교에 이런 선생님이 얼마나 될까? 정답이 아니면 틀렸다고 보는 교육체제 안에서 이런 창의적인 선생님은 가뭄에 콩 나듯이 존재한다. 만약 당신이 선생님이라면 이런 답안지에 어떤 반응을 하고 어떤 점수를 주겠는가?

요즘은 대학입시에서도 창의력과 관련된 문제들이 자주 출제된다.

"빈 방에 냉장고가 있다. 물을 마시려고 냉장고를 열면 방 온도는 어떻게 변할까?"(물리학과 면접시험 문제)

"손에 모래를 쥐고 있다가 조금씩 떨어뜨리기 시작했다. 땅에 쌓이려면 모래 알갱이 몇 개가 필요할까?"(경제학과 면접시험 문제)

"(동물 뼈 모형을 보여주며) 이것은 어느 동물의 어느 부위 뼈일까? 이 동물이 죽은 원인은 무엇이라고 추정할 수 있을까? 또 죽은 지 얼마나 시간이 지났을까?"(의학과 면접시험 문제)

단순한 암기 위주의 교육만 받은 학생이라면 이런 유형의 문제 앞에서 난감한 표정을 짓게 될 것이다. 창의적인 두뇌회로가 만들어져 있지 않다면 선뜻 대답을 내놓기가 어려울 것이다.

"창의력이 높아지면 성적이 올라갈까요?"

부모교육 강의에 나갔을 때 내가 가장 많이 듣는 질문이다.

"글쎄요. 성적이 오를 수도 있고, 그렇지 않을 수도 있어요."

나는 이런 혼란스러운 답변으로 부모들에게 실망감을 안겨주게 된다. 그런데 성적이 다가 아니다.

찰스 다윈Charles R. Darwin은 "끝까지 생존하는 것은 강한 종도 아니고 지적인 종도 아니다. 변화에 가장 잘 적응하는 종이 살아남을 것이다"고 했다. 우리는 다윈의 말을 자녀를 키울 때도 유념해야 한다. 다시 말하면 변화에 가장 잘 적응하는 아이로 키우는 것을 목표로 삼아야 한다. 그러려면 아이가 가장 필요한 창의력을 키우는 것이 급선무다.

 ## 창의적인 생활습관 만들기

행복한 사람의 뇌를 스캐닝하면 창의적인 두뇌에 중요한 역할을 하는 좌측 전두엽피질에서 전기적 활동성이 잘 나타난다고 한다. 뇌를 스캐닝해 보지 않아도 행복한 자녀들의 표정은 남다른 데가 있다. 그리고 활기가 넘치고 자신감이 넘친다. 당신의 아이 얼굴을 관찰해 보자. 행복한 표정이 읽힌다면 창의적인 생활을 하고 있다는 증거로 볼 수도 있다.

창의적인 두뇌는 만들어진다

부모는 아이가 어릴 때부터 창의력 두뇌를 키워갈 수 있도록 모종의 '전략'을 세워야 한다.

덴마크의 미래학자 롤프 옌센Rolf Jensen은 저서 《드림 소사이어티》에서 "미래 사회는 꿈과 감성을 파는 사회, 꿈의 사회가 될 것"이라고 예측했다. 아이들이 살아갈 세상은 두뇌brain 못지않게 가슴heart이 중요시되는 사회가 될 것이다. 따라서 미래 사회의 주요 집단은 분석력과 논리력, 추리력을 관장하는 좌뇌의 지성과 신뢰, 애정, 연민을 주관하는 우뇌의 감성을 최적으로 조합해

내는 다중 능력자들이 차지하게 될 것이다.

그런데 우리의 교육현장을 들여다보면 지나치게 좌뇌중심의 교육에 치중해 있다. 아침에 눈을 뜨면서부터 잠이 들 때까지 오직 좌뇌교육에만 열중한다. 다중 능력자들이 주류가 되는 사회에 대비하기 위해서는 책상 앞에서 공부만 하는 좌뇌중심의 교육에서 벗어나야 한다. 대신에 자연 속에서 감성을 배우고 타인과 협력할 수 있는 사회적 능력을 키워줘야 한다.

미래의 주류세력은 창의적인 계층에서 나온다

이제 곧 우리는 명함에 자신이 좌뇌형인지, 우뇌형인지를 적어 넣는 시대를 맞이하게 될 것이다. 벌써부터 명함에 뇌의 성향을 정확하게 기록하는 나라도 있다고 한다.

인간이 어떤 행동을 하고, 무언가를 보고 울고 웃고 감정을 표현하고, 어떤 음식을 좋아하고, 누구를 좋아하고 싫어하고, 어떤 특정 과목을 잘하고 못하는 것도 뇌의 특성에 따른 것이다. 한 사람을 다른 사람과 차별화시키고 특징을 만들어주는 뇌를 어떻게 계발하느냐에 따라 미래가 달라질 수 있고, 창의적인 문제해결의 달인이 될 수도 있다.

이제는 단순한 창의력에서 벗어나 '창의적인 문제해결능력'을 키워나가도록 준비시켜야 한다. 창의적인 문제해결능력을 키우려면 확산적 사고력(정답이 하나가 아니고 여러 가지가 될 수 있는 사고력)과 수렴적 사고력(답이 하나만 나올 수 있는 사고력) 두 가지를 모두 키워줘야 한다. 야누스의 얼굴과 같은 확산적 사고력과 수렴적 사고력을 통합시켜 균형 잡힌 뇌가 만들어지도록 해야 하는 것이다.

부모들은 자녀를 창의적인 인재로 키우기 위해 어떤 노력을 하고 있는지 생각해 봐야 한다. '지금 나의 양육방식이 아이의 창의력을 키우는 데 도움이 되고 있을까?' 요즘 부모들을 보면 엄청난 시간과 비용을 들여가며 자녀교육에 헌신한다. 그럼에도 불구하고 오히려 잘못된 방향으로 내몰고 있다면 낭비가 아닐 수 없다.

물론 국가와 사회적으로 창의적인 인재양성을 위해 유기적인 시스템을 만들고 많은 노력을 기울여야 한다. 그러나 국가와 사회에서 이를 실천하기 위해서는 많은 시간이 필요하다. 국가와 사회체제가 변할 때까지 기다리다가는 지금 당신 앞에 있는 아이는 창의력 두뇌를 키울 기회를 영영 놓치게 될 것이다.

창의력은 학습을 통해 만들어질까?

미래를 내다보는 부모는 나무와 숲을 동시에 보지만, 그러지 못하는 부모는 숲을 보지 못하고 눈앞의 나무만 바라본다. 그런 부모의 자녀는 미래가 어둡다. 그래서 안목이 없는 부모는 영재로 태어난 아이를 평범한 아이로, 때로는 그 이하로 만들어버린다. 어쩌면 가만히 내버려뒀으면 영재성을 발휘했을 수도 있는 아이를 잘못된 관심과 노력으로 그렇게 만들어버리는 것이다. 심한 말 같지만 아이에게 해를 끼칠 수 있는 성격이나 습관을 가진 부모라면 자녀교육에 상관하지 않는 편이 오히려 낫다.

사람들은 늘 "창의력 두뇌가 학습을 통해 만들어질 수 있나요?"라고 물어온다. 그때마다 나는 "물론이에요"라고 대답했다.

창의력은 노력을 통해 키워질 수 있는 능력이다. 모든 사람이 모차르트나 피카소처럼 천재로 태어나지는 않는다. 어쩌면 보통 사람으로 태어난 우리들은 천재들을 보면서 질투하고 노력하는 살리에리에 가까울 것이다.

창의력이라고 하면 몇 가지 궁금해하는 점들이 있다. 창의력은 완전히 새로운 것을 만들어내는 능력일까? 창의력은 소수의 영재들만 타고 나는 능력일까? 창의적인 사람은 아무런 노력을 기울이지 않아도 저절로 창의적인 생각이 떠오를까?

이 궁금증에 대한 답을 해보자면, 우선 창의력은 배울 수 있고 모든 사람들에게 나타나는 자연스러운 능력이다. 창의력은 지극히 정상적인 사람들이 지니고 있는 능력이며, 창의적인 사람은 부단히 노력하는 과정에서 창의적인 아이디어를 떠올리게 된다. 오랜 시간 하나에 매달려서 씨름하기 때문에 창의적인 작품과 발명품을 만들어내는 것이다. 피카소나 다윈, 에디슨이 내놓은 창의적인 업적도 알고 보면 수많은 습작과 수백 번의 재수정과 실험을 통해 탄생한 것들이다.

창의적인 작품은 발상의 전환에서 나온다

창의력은 완전히 새로운 것만을 의미하는 것이 아니다. '모방은 창조의 어머니'라는 말이 있다. 기존의 사물을 조금 다른 각도에서 관찰하고 그 무엇인가를 새롭게 재탄생시키면 이 또한 창의적인 결과물이라고 할 수 있다. 다시 말하면 기존의 것들을 재결합시키거나 약간의 변형을 해서도 창의적인 결과물을 만들 수 있다는 것이다.

현대 예술을 들여다보면 모방을 통한 재창조의 가능성을 활짝 열어 놓았다. 패러디도 일종의 창의적인 표현이다. 〈무서운 영화〉라는 영화만 보더라도 여러 영화를 새롭게 각색하여 탄생시킨 결과물이다. 〈스크림〉, 〈13일의 금요일〉, 〈싸이코〉 등의 영화를 재미있게 패러디한 것뿐이지 않은가!

우루주스 베얼리^{Ursus Wehrli}라는 사람은 빈센트 반 고흐^{Vincent van Gogh}가 그린 〈아를의 침실〉을 말끔하게 정리한 그림을 그렸다. 나는 이 그림을 보고 참 재미있다고 생각했다. 코미디언이면서 디자이너였던 베얼리는 늘 남을 웃겨야 한다는 강박관념에 사로잡혀 있었다. 어느 날 반 고흐의 그림 속 침실을 정리하고 싶다고 생각한 그는 정리된 침실을 그렸다. 과연 베얼리가 그린 그림은 창의적일까, 아닐까? 물론 창의적이다. 그가 그린 그림은 발상의 전환을 시도했기 때문이다.

누가 봐도 반 고흐의 작품이라는 것을 한눈에 알 수 있지만, 베얼리의 그림을 놓고 반 고흐의 작품을 모방했다고 시비 거는 사람은 없을 것이다. 그 후에도 베얼리는 또 다른 작가들의 작품을 정리정돈시키면서 '정리정돈의 작가'로 인정받았다. 사람들은 그의 작품 속에서 원작과는 또 다른 재미를 느낀다. 이렇게 조금만 발상을 전환시켜도 창의적인 작품을 만들어낼 수 있다.

21세기의 특징은 퓨전의 시대다. 백화점에 있는 식당가를 가보면 원래의 중식, 일식, 한식이 퓨전화된 음식을 만날 수 있다. 음식 안에서만 퓨전 현상이 일어나는 것은 아니다. 우리의 일상생활 전반에서 형식과 장르가 파괴되고 있다. 예술 분야에서도 서로 뒤섞는 작업이 성행하고 있다. 그림인지 판화인지 사진인지 알 수 없을 정도로 장르를 넘나드는 융합이 이루지고 있다.

아주 오래전부터 미국을 비롯한 영국, 핀란드 등에서는 창의력의 중요성을 알고 수많은 실험을 진행했다. 그 결과 창의력은 훈련을 받으면 커진다는 것이 입증되었다.

폴 토란스^{E. Paul Torrance}는 창의성검사를 개발하여 창의성 훈련 전과 후의 차이를 검증했고, 전 세계적으로 그의 검사는 교육현장에서 널리 활용되고 있다.

우리나라 국가과학자 제1호인 신희섭 교수는 뇌훈련을 통해 기억력과 창의력 나아가 학습능력을 높일 수 있다고 주장했다. 인간의 학습과 기억능력에 관여하는 유전자를 조절하면 학습능력과 기억력은 물론이고 호기심이나 상상력과 같은 창의력과 관련된 능력도 조정이 가능하다는 것이다. 생쥐 뇌 속의 특정 유전자를 제거하는 실험을 진행했는데, 일반 생쥐보다 학습과 기억능력이 훨씬 더 탁월해졌고, 호기심이 높아졌으며, 두려움이 줄어드는 특징이 나타났다.

강화된 뇌 회로는 습관적으로 작동한다

주변환경을 기억하고 숨겨진 플랫폼의 위치를 찾아내는 실험을 위해 동물 실험실의 일반 쥐를 불투명한 물속에 빠뜨렸다. 여러 번의 반복학습에도 불구하고 발을 디딜 수 있는 플랫폼의 위치를 찾아내지 못하고 오랜 시간 헤매는 쥐가 있는가 하면, 쉽게 플랫폼의 위치를 찾아내는 쥐가 있었다.

또한, 특정 유전자가 제거된 생쥐와 일반 쥐를 비교하는 동영상을 제시했다. 폐쇄된 방에 새로운 물체를 넣었을 때 일반 쥐는 별 관심을 보이지 않았다. 새로운 물건을 건드려 보는 시도도 하지 않았다. 그런데 특정 유전자가 제거된 생쥐는 곧바로 새로운 물체를 탐색했다. 새로운 물건에 큰 호기심을 보인 것이다. 그러다가 어느 순간부터는 물체를 밀고 당기고 장난까지 치면서 신나게 가지고 놀았다. 호기심이 많은 생쥐는 다른 쥐들보다 태어나면서부터 학습과 기억력, 호기심이 많았다. 그것은 신경세포 내의 칼슘이온이 많기 때문인 것으로 밝혀졌다.

동물의 신경세포가 활성화되면 칼슘이온의 농도가 평소보다 증가한다. 이것이 학습과 기억능력을 도와준다. 그리고 증가된 칼슘이온을 세포 밖으로 다시 빼내는 기능을 하는 NCX-2라는 유전자를 인위적으로 제거하면 세포 내에 칼슘이 더 오래 머물면서, 이른바 똑똑한 생쥐로 탄생하게 된다.

똑똑한 생쥐는 학습에 의해 강화된 시냅스로 인해 정보처리가 빨리 되기 때문에 기억력과 학습능력이 탁월해진다. 학습은 뇌의 신경구조는 물론이고 형태까지 바꾸는 것이다. 유전자 돌연변이 생쥐의 신경세포는 자극에 대해 더 많은 돌출을 보인다. 즉 특정 부분에 대한 학습을 하게 되면 더 많은 시냅스가 만들어지고, 더 많은 신경정보들이 빠르게 처리되는 것이다.

창의적인 사고는 선택에 달렸다

강화된 뇌 회로는 쉽게 작동한다. 화를 자주 내는 사람은 화를 내는 회로가 강화되어 습관적으로 화를 내게 되고, 자주 우울한 사람은 우울한 회로가 강화되어 습관적으로 우울해진다. 따라서 창의적인 습관을 가지고 매일매일 새로운 사고를 하게 되면 창의적인 두뇌가 만들어진다.

뇌는 대략 100억 개의 신경세포와 100조 개의 시냅스로 이루어진 거대한 신경 네트워크이다. 따라서 어떤 회로가 어떻게 작동되느냐에 따라 기능이 달라진다. 매일 새로운 일을 시도하고 그 안에서 행복감을 느낀다면 행복 회로가 강화되어 늘 행복해질 것이라는 생각이 든다. 매일 화를 내면서 화내는 뇌로 강화시킬 것인지, 매일 행복감을 느껴서 행복한 뇌로 강화시킬 것인지는 자신의 선택에 달렸다.

언젠가 뉴욕에 머물 때 존 F. 케네디 전 미국 대통령의 아들인 존 F. 케네디 2세가 탄 경비행기가 추락했다는 소식을 들었다. 그는 악천후 속에서 무리하게 경비행기를 타고 가다가 사망했다. 그 뒤에 케네디 가문은 왜 이런 비운이 반복될까에 대한 글을 읽게 되었다. 케네디 가계에는 모험심이나 호기심과 같은 특정 유전자가 있기 때문이라는 내용이 있었다.

생쥐나 인간이나 몇 세대를 지나는 동안 자주 사용했던 두뇌의 특정 부분은 계속 발전하여 자손에게 전달된다. 오늘 당신이 이루어낸 창의력의 발전이 당신 세대에서 끝나는 것이 아니라 자자손손 전수된다는 말이다. 그렇다면 자손들의 행복한 삶을 위해 오늘을 사는 우리는 창의력을 키우는 노력을 기울여야 할 것이다.

창의력은 '왜'에서 나온다

아이들이 새로운 헤어스타일이나 옷차림을 생각해내고, 그 전에 시도하지 않았던 요리방법을 알아내거나 흥미로운 놀이방법을 생각해내는 것도 창의적인 활동이다. 이런 활동은 '왜 나는 늘 똑같은 헤어스타일을 하고 똑같은 옷을 입어야 할까?', '왜 나는 매번 똑같은 음식만 먹어야 할까?', '왜 나는 똑같은 방법으로 놀아야 할까?'를 고민한 뒤에 나왔을 것이다.

이와 같이 창의력은 '왜'라는 질문에서 시작한다. 영화 〈요시노 이발관〉을 보면 아이들은 '왜'라는 질문을 통해 새로운 헤어스타일의 자유를 찾게 된다.

서로를 속속들이 알고 있는 작은 해안가 마을에는 이상한 전통이 전해져 오고 있다. 소년들은 누구나 이발사 요시노 아줌마에게 가서 똑같은 헤어스타일, 일명 '바가지 머리'로 깎아야 한다는 것이다.

어느 날 대도시에서 개성 만점의 헤어스타일에 염색까지 한 학생이 전학을 온다. 요시노 아줌마는 전학생의 머리도 다른 아이들처럼 똑같이 만들려고 한다. 전학생은 완강히 거부하는데, 마침내 등교거부 사태에까지 이른다.

고집불통 요시노 아줌마는 '전통'을 외치며 전학생의 머리를 자르려고 한다. 하루는 과자를 주며 달랬다가, 다음날에는 가벼운 협박도 한다. 확성기에 대고 "갈색 잡초를 뽑아야 한다"고 공개적으로 전학생을 질타하기도 한다.

그러던 어느 날 갑작스럽게 요시노 아줌마에게 잡힌 전학생은 바가지 머리로 깎이고 만다. 참다못한 전학생은 이 마을에 헤어스타일 혁명을 일으킨다. 전학생은 "머리는 개성 표현의 자유"라고 외치며 헌법 13조를 줄줄 외운다. 그로부터 초등학생들의 유쾌한 반란이 시작된다.

전교생이 똑같은 헤어스타일을 하고 다녔던 학생들은 한 번도 헤어스타일을 '개성 표현'의 수단으로 생각해 본 적이 없었고, '왜 우리는 모두 바가지 머리를 해야 하는가?'에 대한 의문이나 반감이 없었다. 그랬던 아이들이 관습, 규칙, 전통에서 벗어나기 위해 가출까지 감행하면서 저항을 시도한 것이다.

전학생과 함께 가출을 감행했던 다섯 명의 학생들은 빨강, 파랑, 노랑색으로 염색을 하고 나타나 '자유'를 외치며 시위한다. 자유를 찾기 위해서는 희생이 따르고 대가를 치러야 한다는 것을 깨달은 아이들이 용감한 반란을 시도한다.

초등학생들의 의식수준에도 못 미치는 어른들도 많다.

"전통이니까."

"관습이니까."

"규칙이니까."

"정서니까."

"남들이 다 그렇게 하니까."

당신이 '왜'라고 묻지 않게 된 시기를 떠올려보자. 그 즈음부터 당신 뇌의 노화가 시작되었다고 보면 정확할 것이다.

창의적인 생활습관 만들기

당신과 아이의 뇌는 어떤 뇌일까? 호기심이 많고 '왜'라는 질문을 잘하는 탄력적이고 멋진 뇌일까? 아니면 지나친 주입식 교육으로 이미 쭈글쭈글 노화가 되고 있는 피곤한 뇌일까? 창의력, 두뇌를 키우기 위해 당신과 아이는 어떤 노력을 하고 있는지 생각해 보자.

좋은 부모 밑에서는 저절로 좋은 아이가 자란다

엄마들이 삼삼오오 모이면 아이들 이야기가 시작되는데, 결국은 성적과 공부 이야기로 집중된다. 이때 공부 잘하는 아이를 둔 엄마의 목소리는 높아지고, 성적이 좋지 않으면 괜스레 기가 죽는다. 성적이 우수한 아이가 나중에 꼭 큰 인물이 된다는 보장은 없다. 그런데 교육열이 강한 우리나라에서는 공공연히 성적을 가지고 아이의 미래를 가늠했던 게 사실이다.

학교 성적이 좋아야 영재는 아니다. 성적이 우수한 아이도 특별히 잘하는 과목이 없는 경우도 있다. 그런데 평균 성적이 낮아도 체육을 월등히 잘한다든가, 그림 실력이 뛰어나다든가, 글짓기 대회만 나가면 상을 쓸어온다든가 하는 아이라면 영재성이 있다고 볼 수 있다. 따라서 사회적 가치관에 맞추어 아이에게 성적만 강조해서는 안 된다. 미래지향적인 안목을 가지고 아이의 재능을 살펴 아이가 좋아하고 즐거워하는 일을 배워나갈 수 있게 도와야 한다.

모든 아이는 재주를 타고난다

속담에 '굼벵이도 구르는 재주가 있다'는 말이 있다. 굼벵이 같이 느리고 하찮은 미물도 특별한 재주를 가지고 있다는 말이다. 그런데 "넌 왜 이렇게 느리니?"라고 매일 다그치기만 한다면 굼벵이는 구르는 재주마저 없어지고 말 것이다. 누구나 가지고 태어나는 하나의 '재능'을 발굴하고 키워주는 것, 그것이 바로 영재교육의 핵심이다.

우리 아이들은 한 가지 이상의 재주를 가지고 태어난다. 아이 개개인의 타고난 영재성과 재능을 찾아 집중적으로 계발하도록 도와주는 것은 부모의 몫이다. 좋아하지도 않는 분야를 자꾸 강요하면 아이는 자신만의 영재성을 키워나갈 수 없다.

이때 가장 중요한 것은 부모의 뚜렷한 가치관이다. 그것이 없으면 아이가 가지고 있는 재능과 잠재력을 이끌어내는 게 쉽지 않다. 아이를 교육시키다 보면 "어느 학원이 좋다", "영어는 어느 선생이 잘 가르친다더라", "조기 유학은 필수다", "지금 이렇게 방치해서는 안 된다"는 주변의 말에 휘둘리게 된다. 모두 부모의 교육적 가치관이 뚜렷하지 않아서다.

부모의 욕심이 아이의 행복을 망친다

부모들이 아이의 영재성을 발견하고 그 재능을 키워주려고 노력하는 이유는 어디에 있을까? 아이가 뛰어난 영재가 되어 명성을 얻었으면 하는 마음 때문일까? 아니면 아이의 유명세를 이용해서 돈을 벌고 싶은 욕심 때문일까? 아마 그런 과욕을 품고 있는 부모는 없을 것이다. 부모들이 바라는 것은 아이의 올바른 성장과 행복한 미래일 테니까.

부모는 뚜렷한 소신과 꿋꿋한 의지를 가지고 자녀의 영재성을 관찰해야 한다. 아이가 진정 잘할 수 있고, 그것을 통해 행복감을 느낄 수 있게 해야 한다. 아직까지 아이의 영재성을 찾지 못했다면 지금부터라도 찾아보자.

함께 웃고 뛰어노는 부모가 되어라

'내 아이는 내가 키운다'는 적극적인 생각을 가지고 자녀교육에 힘쓰기를 바란다. 좋은 아이를 만드는 특별한 비법은 따로 없다. 그저 당신이 좋은 부모가 되면 된다. 좋은 부모가 되는 가장 빠른 지름길은 아이가 원하는 것을 할 수 있도록 도와주는 것이다.

물론 자녀교육을 위해 많은 돈을 쓸 수도 있고, 좋은 학원이나 선생님을 골라줄 수도 있다. 그러나 아이가 초등학교에 들어가기 전까지는 일반적인 교육을 비롯해 인성과 교양을 길러주는 것은 부모의 몫이다. 아이들은 혼자서 공부하는 것보다 엄마 아빠와 함께 공부하는 것을 즐거워한다. 함께 웃고, 함께 책을 읽고, 함께 뛰어놀자. 아이들의 창의적인 영재성은 그 속에서 쑥쑥 자라날 것이다.

창의적인 생활습관 만들기

아이에게 "너에게 지금부터 한 시간이 주어진다면 무슨 일을 하고 싶니?"라고 물어보자. 또는 "네가 가장 잘하는 일은 뭐라고 생각하니?"라고 물어보자. 아이가 언제 가장 행복하다고 느끼는지에 대해서도 물어보자.

당신의 자녀가 가지고 있는 재능을 발견하는 것은 바로 여기서부터 시작된다. 아이가 무엇을 할 때 가장 자신감이 생기고 행복해하는지 눈여겨보면 아이가 가진 진정한 재능을 발견할 수 있다.

creative

2장

창의적인 아이는

창의적인 부모 밑에서

자란다

“달을 향해 나아가라.

달에 미치지 못하더라도 별들 사이에 있게 될 것이다.”

• 진 시몬즈 Gene Simmons •

질문만 잘해도
창의력 두뇌가 만들어진다

아이가 창의적인지, 영재성이 있는지를 쉽게 알 수 있는 방법이 있다. 아이가 질문을 자주하는가, 아닌가를 관찰하는 것이다. 창의적인 아이들은 호기심이 많고 궁금증이 많아서 질문이 많다. 이때 부모가 상호작용해주는 것은 매우 중요하다. 그런데 한 달에 200만 원의 과외비는 통 크게 지출하면서도 자녀의 질문에는 인색한 부모들이 많다.

대답해주는 것도 중요하지만, 나아가 부모가 질문을 하는 것도 중요하다. 우리나라 엄마들은 아이가 학교에서 돌아오면 "오늘 학교에서 점심 때 뭐(메뉴) 먹었니?"라는 질문을 많이 한다고 한다. 그런데 유대인 엄마들은 "애야 오늘 학교에서 무엇을 배웠니?" 혹은 "애야, 오늘 학교에서 어떤 질문을 했니?"라고 묻는단다.

부모가 어떤 질문을 하느냐에 따라 아이 두뇌가 어떤 방향으로 발달할지가 결정된다. 그것을 모르는 부모는 "이건 무슨 색깔이니?", "주인공이 누구야?", "밥은 먹었니?", "학원에 몇 시에 가니?"와 같이 생각하지 않고도 대답할 수 있는 단순한 질문만 한다.

조금 신경을 쓰는 부모라면 "개와 고양이 중에 뭘 기르고 싶니? 그 이유는 뭐니?", "오늘 외식 메뉴는 네가 골라볼래?", "태권도학원에 다닐래, 수영장에 다닐래? 그 이유는 뭐니?"와 같이 아이의 두뇌에서 고급 수준의 사고가 일어날 수 있는 일종의 평가를 요하는 질문을 한다.

아이의 뇌를 바쁘게 만들어라

창의력에 관심을 둔 부모라면 질문의 내용부터 바꿔야 한다. 책 한 권을 함께 읽거나 영화 한 편을 본 후에 질문 하나만 잘해도 창의력 두뇌를 키워줄 수 있다.

"만약 네가 주인공이라면 악당과 만났을 때 어떻게 했을 것 같니?"

"영화 제목을 다른 제목으로 바꾼다면 어떻게 짓고 싶니?"

옳고 그른 정답 없이 대답할 수 있는 질문이면 된다. 이런 질문을 받은 아이의 뇌는 바빠진다. "내가 주인공이라면 어떻게 했을까?", "어떤 제목이 좋을까?"를 놓고 재미있는 상상놀이에 빠지기 때문이다. 그런 과정을 겪으면서 아이의 뇌에는 '창의적인 회로'가 만들어진다. 질문을 자꾸 해야 하는 이유가 여기에 있다. 우리는 마음만 먹으면 아이와 쇼핑을 하면서도, 여행 가는 자동차 안에서도 창의력 두뇌를 깨울 수 있는 것이다.

부모가 동화 한 편을 읽어주고 "재미있었지?"라고 끝내는 경우와, 창의적인 질문을 한 경우를 비교했더니 그 효과가 크게 달랐다.

함께 책을 읽으면서 의미 있는 질문을 하면 아이의 창의력 두뇌는 크게 발달한다. 부시 대통령의 어머니인 바버라 피어스 부시^{Barbara Pierce Bush} 여사는 책을 읽어줄 때 질문을 하라고 말했다. 바버라 여사는 '소리 내어 읽는 비결'에서 다음과 같은 여섯 가지 비결을 소개했다.

첫째, 책을 읽어주는 습관을 만들어라.

둘째, 같이 책을 읽는 시간을 소중한 시간으로 만들어라.

셋째, 효과적으로 책을 읽어주는 몇 가지 방법을 숙지하라

① 책을 읽을 때 글자 위로 손가락을 함께 움직인다.

② 아이들이 직접 책장을 넘기게 한다.

③ 교대로 글자, 문장, 페이지를 읽는다.

④ 책을 읽다가 멈추고 자녀들에게 질문을 한다.

⑤ 그림을 보고 그에 대한 이야기를 나눈다.

⑥ 등장인물의 성격에 따라 목소리를 바꾼다. 이때 아이들이 목소리를 만들

어 보게 한다.

⑦ 글에 맞는 행동을 취하면서 이야기를 살아있게 한다.

넷째, 자녀를 돌보는 사람에게 책을 읽어주라고 부탁하라.

다섯째, 정기적으로 도서관을 방문하라.

여섯째, 부모가 독서하는 모습을 자녀들에게 보여줘라.

특히 '책을 읽다가 질문을 하라'에서는 구체적으로 "네가 만약 이 사람이라면 어떤 기분이 들겠니?", "다음에는 무슨 일이 일어날 것 같니?"와 같은 창의적인 사고를 유도하는 질문을 하라고 강조했다.

바버라 여사가 소개하는 '소리 내어 읽는 비결'에 대한 더 많은 자료를 얻고 싶다면 http://bushlibrary.tamu.edu에 접속하여 그녀가 운영하는 어린이 도서관을 구경해 보자. 어린이 독서교육에 대한 많은 자료를 얻게 될 것이다.

창의력을 키워주는 질문은 따로 있다

남편과 아들을 대통령으로 만든 바버라 여사는 미국의 대통령은 단순히 탄생되는 것이 아니라 독서를 통한 오랫동안의 프로젝트로 탄생된다고 말했다. 우리나라에서도 '어린이 독서교육'에 관한 관심은 매우 뜨겁다. 그런데 단순히 읽기에만 관심을 둘 것이 아니라 읽기 활동을 통해 창의력과 문제해결능력을 어떻게 키워줄 것인가에 대한 보다 깊은 연구가 필요하다.

전래동화 한 편을 읽고도 많은 질문을 만들어낼 수 있다. 창의력을 키워줄 수 있는 질문을 만들기가 어렵다면 책의 도움을 받는 것도 좋다. 오래 전에 썼던 《창의성을 잡아요 확》이라는 책에서 나는 유아에서 초등학교 3학년까지의 아동을 위한 발문을 소개했다. 몇 권의 전래동화를 중심으로 각각 20~30개의 창의적인 발문을 만들었다.

《빨간 부채 파란 부채》라는 전래동화를 읽은 후에 대부분의 부모는 "나무꾼은 어떤 색의 부채를 주웠나요?", "요술 부채인 것을 나무꾼이 어떻게 알게 되었나요?"와 같은 기억력을 중심으로 한 질문을 한다. 창의성을 키워주고 싶다면 이런 질문을 해보자.

"이 전래동화를 다른 제목으로 바꾼다면 어떻게 바꿀 수 있을까?"

"요술 부채는 어디서 왔을까?"

"만약에 너에게 요술 부채가 있다면 어디에 사용하고 싶니?"

"사람들의 코가 전부 길어진다면 어떤 일들이 일어날까?"

"만약 코가 길어졌다면 넌 어떻게 걸어다닐 것 같니? 우리 그림으로 그려볼까?"

"나무꾼이 그 부채를 발견하지 못했다면 무슨 일이 일어났을까?"

"고양이가 부채를 가져가지 않았다면 무슨 일이 일어났을까?"

"계속 길어지고 있는 나무꾼의 코는 어떻게 되었을까?"

미리 동화책를 읽고 창의력을 키워줄 수 있는 질문을 만들어보는 것도 좋다. 창의적인 질문을 하다 보면 창의성의 하위요인인 민감성, 상상력, 유창성, 융통성, 독창성, 정교성은 물론이고 의사소통하는 능력과 예측 및 평가,

의사결정능력까지 키워줄 수 있다. 나아가 질문하고 대답하는 언어적인 상호
작용에 그치지 않고 그림도 그려보고 토론도 할 수 있다면 더 좋을 것이다.

창의적인 생활습관 만들기

아이와 함께 동화책 한 권을 선택해서 읽고 창의적인 질문을 해보자. 질문에 대해
아이의 대답만 요구하지 말고 '엄마(아빠)는 이렇게 생각해 봤단다'와 같이 부모도
대답을 해보자. 서로 답을 공유하다 보면 훨씬 더 창의적이고 재미있는 시간이 만
들어질 것이다.

무엇을 수집하든 허용해 줘라

아이의 취미생활을 통해 창의력 두뇌를 키워줄 수 있다. 아이의 서랍 속에 나뭇잎, 새의 깃털, 작은 돌멩이, 비닐봉지, 구슬, 담뱃갑, 병뚜껑, 사진, 동전, 우표, 딱지, 스티커 등이 모아지고 있다는 것은 호기심이 많다는 것을 반증한다. 이런 아이에게 "아니 이렇게 지저분한 것들을 왜 집 안으로 가지고 들어오니?"라고 혼을 내는 부모와 "요즘 돌멩이에 관심이 생겼구나? 이 돌멩이는 정말 특이한 모양이구나!"라고 말문을 열어주는 부모 사이에는 큰 차이가 있다.

창의적인 사람들은 호기심이 많아서 어려서부터 무엇인가 수집하기를 좋아한다. 그런데 학교와 학원 공부에 시달리다가 서서히 자신이 무엇을 좋아하는지를 잊고 살게 된다.

인간의 두뇌는 선천적으로 그 무엇인가를 좋아하는 특성이 있다. 어떤 아이는 책을 좋아하고, 어떤 아이는 그림을 좋아하고, 어떤 아이는 음악을 좋아하고, 어떤 아이는 공룡을 좋아하고, 어떤 아이는 동전을 좋아한다.

수집하기는 영재들의 특징

무엇을 서랍에 모아도 혼나지 않는 분위기에서 자란 아이는 나중에 취미생활이 전공으로 연결되기도 한다. 어른 눈에는 하찮고 잡동사니만 모아놓은 것 같아도 아이에게는 의미 있는 물건일 수 있다. 그래서 우리 부모들은 웬만하면 어떤 수집이든 허용해야 한다.

영재를 판별하는 특성표에는 '수집하기를 좋아한다'는 문항이 들어가 있다. 영재들은 무엇인가에 관심이 생기면 열정적으로 수집을 시작하는데, 이를 기반으로 과학 프로젝트를 진행하거나 연구로 발전시키기도 한다. 물건만 수집하는 것이 아니라 이야기를 수집하여 훗날 소설가가 되기도 한다. 대부분의 사람들이 아름답고 귀한 것을 좋아하지만, 그것을 수집하는 행동으로 실천하는 사람은 많지 않다. 과거에는 우표나 동전을 모으는 경우가 많았는데, 요즘에는 미니 자동차나 공룡 미니어처를 수집하거나 사이버 상에 좋아하는 것을 모으는 경우가 많다.

창의적인 사람은 어떤 물건에 관심이 생기면 몰입하는 수준을 넘어 연구하는 경지에 오르기도 한다. 일종의 과제집착력이라고 할 수 있다. 수집에 대한 열정이 생긴 아이는 수집한 물건으로부터 사물과 사람에 대한 관심을 갖는다. 시간이 흐르면서 수집하는 과제에 몰입하고, 나아가 그 분야의 전문가가 되어 세계 제일의 연구자가 되기도 한다.

《세계의 모든 스타일》이란 책은 전문 컬렉터 김민석이 30년 동안 수집한 독특한 물건들에 대한 이야기를 담고 있다. 김민석은 "내 직업은 수집가"라고 말한다. 그는 30여 년 동안 70여 개국을 400회 이상 돌아다니며 물건을 수집했는데 그 속에서 상상의 나래를 펴는 것을 낙으로 삼고 있다. 그런 경험 속에서 수집품에 대한 스타일을 발견했고 책까지 썼다. 이렇게 오랫동안 수집을 하게 되면 한 분야에서 안목이 만들어지고, 전문가 반열에 오르게 된다. 이 얼마나 멋진 삶인가!

"다 너를 위해서야!"는 틀렸다

그림 그리기를 좋아하는 아이에게 "그림 그리면 이 다음에 배고프단다. 그림으로 밥 먹고 살기는 힘들어. 넌 남잔데, 어떻게 그림으로 먹고 살 거야?"라고 말하는 부모가 요즘에도 많다. 그 아이는 어쩌면 부모님 말씀대로 그림을 포기하고 의사나 변호사의 길로 들어설지 모른다. 지적 능력이 있는 사람은 무엇을 하든 어느 정도까지는 잘해낸다. 그러나 그 이상으로 발전하거나 창의적으로 어떤 이론을 만들거나 개발하기는 힘들다. 그냥 평범한 의사나 변호사로 살아갈 뿐이다. 그렇게 평범한 인생을 살다가 중년에 이르러서야 정신을 차리게 된다.

"아, 이 길이 아닌데. 난 그림을 그렸어야 하는데……."

우리 사회에서는 이런 일이 흔하게 일어난다. 자신의 인생을 부모나 교사가 결정했고, 그래서 인생이 별로 행복하지 않다는 것을 뒤늦게 깨닫는 것이다. 자기 인생은 자신이 주체가 되어야 한다. 스스로 선택하고 결정한 길을 가야 그 길을 가는 내내 행복할 수 있다.

부모가 자신의 욕심을 위해 특정 대학이나 학과에 억지로 보내는 경우를 많이 볼 수 있다. 아이의 인생 전체를 놓고 보면 참으로 잔인한 일이다. "다 너를 위해서야!"라고 말하는데 진정 그런 마음이었는지를 가슴에 손을 얹고 대답할 일이다.

 ## 창의적인 생활습관 만들기

지금 아이가 수집하고 있는 서랍 속 물건들을 관찰해 보자. 그 물건에 대해 이야기를 나눠보자. 그 물건을 언제부터 수집하게 되었는지, 어디에서 처음 발견했는지 등을 차근차근 들어주자. 아이의 재능을 발견하는 시간이 될지 모른다.

창의적으로 선택하고 집중하라

창의력 두뇌를 키워주려면 특정 분야에 집중할 수 있도록 도와줘야 한다. 모든 것을 다 잘할 수 있는 사람은 없다. 그래서 선택과 집중이 필요하다. 그런데 부모들 중에는 공부는 물론이고 모든 것을 다 잘하는 만능 엔터테이너로 키우고 싶어하는 사람들이 많은 것 같다. 아이가 네다섯 살이 되면 이 학원에서 저 학원으로 학원 투어가 시작된다. 기하급수적으로 늘어나는 학원의 숫자는 선택의 폭을 넓혔고, 부모와 아이는 눈코 뜰 새 없이 바빠졌다. 부모는 부모대로 학원들의 프로그램과 강사, 위치, 수강료 등을 비교하느라 바쁘고, 아이들은 새롭게 바뀌는 학원을 옮겨 다니느라 바쁘다.

요즘 아이들을 보면 태어나면서부터 바쁘다. 그만큼 부모들도 바빠진다. 성마른 사람들은 어떤 아기용품을 살 것인지부터 어느 유치원에 보내고 어느 초등학교, 중고등학교, 대학교에 보낼 것인지를 뱃속에 있을 때부터 고민한다.

조급증을 버려라

다른 나라에서는 300년에 걸쳐 이룩한 경제 성장을 우리는 50년 만에 단기 급성장했다. 그 압축성장을 경험하는 동안 우리 국민성 안에 '조급증'이 생긴 게 아닐까 의심스럽다. 빨리빨리 끝내고 짧은 시간 안에 많은 것을 만들어야 한다는 '조급증 강박관념'이라는 신(新) 유전자가 우리 몸속에 자리를 잡은 것은 아닐까?

우리는 여행을 떠나도 여행을 제대로 즐기지 못한다. 짧은 시간 안에 가능한 많은 곳을 다녀야 한다고 생각하기 때문에 한 곳에 도착하면 아주 바쁜 걸음으로 휘둘러보고 사진 찍고 돌아서는 식이다. 정작 여행지에서 느껴야 할 즐거움과 여유는 느끼지도 못하고 시간과 돈, 에너지만 낭비하고 돌아올 때가 많다.

심리학자 티모시 윌슨Timothy D. Wilson에 따르면 우리가 1초에 받아들이는 정보는 1,100만 개라고 한다. 이 가운데서 의식적으로 처리되는 것은 40여 개다. 나머지는 우리가 의식하지 못하는 무의식이 처리하는데, 이것을 '적응 무의식'이라고 한다. 지그문트 프로이트^{Sigmund Freud}는 '의식은 정신이라는 빙산의 일부분'이라며 적응 무의식의 중요성을 강조했다. 이와 같은 적응 무의식을 창의적이고 긍정적으로 바꾸고 싶다면 행동을 바꾸면 된다.

우리에게는 굉장히 많은 선택권이 주어진다. 아침에 눈을 뜨면서부터 우리는 '지금 바로 일어날까, 5분 더 버틸까?'를 놓고 선택을 한다. 말을 하거나 글을 쓸 때도 그 많은 단어 중에서 하나를 선택해 사용한다. 무엇을 먼저 할까? 무엇을 먹을까? 어떤 옷을 입을까? 하루의 일과는 선택의 연속이다. 한 달 역시 마찬가지고, 인생을 놓고 봐도 그렇다.

선택에는 각각의 비중이 있다. 운전 중에 '이 길로 갈 것인가, 저 길로 갈 것인가?'는 단순히 시간을 갉아먹는 선택에 그친다. 그런데 대학을 선택하거나 배우자를 선택하는 것은 인생을 완전히 다른 방향으로 흘러가게 만들기도 하는 결정적인 선택이 될 수 있다.

그래서 '창의적인 선택'이 중요하다. 특히 대학과 학과, 진로, 결혼 등과 같이 선택할 수 있는 폭이 넓은 경우에는 현명한 선택을 해야 한다. 당장 눈앞의 이익만 보고 선택했다가는 평생 동안 후회를 하게 될지 모른다.

창의적인 선택이 인생 전체를 결정한다

특히 창의력 두뇌가 왕성하게 발달하는 유아기에 아이의 유아교육기관을 잘못 선택하는 것은 평생 후회할 일을 만드는 것이다. 창의력 교육을 잘하는 유아교육기관을 선택한 아이와 그렇지 않은 아이 사이에는 큰 차이가 나게 된다. 그 차이는 나이가 들면서 점점 더 커질 것이다. 아이가 어리다고 해서 부모 마음대로 유치원을 선택하고 강요하는 것은 옳지 않다. 의사표현을 할 나이가 되면 아이들은 어떤 방식으로든 어느 유치원이 좋고 싫은지를 부모에게 표현하게 된다. 온몸의 안테나를 바짝 세워서 아이의 말에 귀 기울여야 한다.

어린이집이나 유치원에 보낼 것인가, 말 것인가? 보낸다면 몇 살 때부터 보낼 것인가? 학습 위주의 프로그램을 운용하는 곳으로 보낼 것인가, 창의적이고 자율적인 프로그램을 운용하는 곳으로 보낼 것인가? 차량 운행을 하는 곳으로 보낼 것인가? 낮잠을 충분하게 재우는 곳으로 보낼 것인가? 도서관이 있는 곳으로 보낼 것인가? 다소 비싸더라도 질 높은 간식을 제공하는 곳으로 보낼 것인가? 사립으로 보낼 것인가, 국립으로 보낼 것인가? 현장견학을 자주 가는 곳으로 보낼 것인가? 교사의 학력과 경력이 우수한 곳을 선택할 것인가? 한 반에 정원이 몇 명인 곳으로 보낼 것인가? 원장의 교육철학을 고려할 것인가? 종일반 프로그램이 있는 곳으로 보낼 것인가? 영어교육을 병행하는 곳으로 보낼 것인가? 초등학교에 들어가기 전에 선행학습을 시켜주는 곳으로 보낼 것인가? 고려할 만한 기준 몇 가지만 꼽아봐도 이렇게 많다. 이 모든 선택지 앞에서 부모는 창의적인 선택을 할 수 있어야 한다.

부모들이 어린이집이나 유치원을 선택할 때는 원장의 철학과 그에 따른 프로그램을 가장 먼저 살펴야 한다. 초등학교나 학원처럼 선수학습을 시키는 유치원이 있는가 하면, 창의력 발달을 염두에 두는 곳도 있다. 원장들을 만나보면 학습에 대한 부모들의 요구사항이 많기 때문에 어쩔 수 없다고 말한다. 그런데 문제는 장기적인 안목으로 보면 유아기 시절에 창의적인 사고력 교육이나 훈련을 받았던 아이와 그렇지 않은 아이 간에는 큰 차이가 난다는 것이다. 초등학교 고학년으로 올라가면 이런 차이는 극명하게 나타나고, 중고등학교에 들어가면 창의력 훈련을 받은 아이의 진가가 드러나게 될 것이다.

영재일수록 선택과 집중이 중요하다

영재교육에서 가장 큰 어려움은 다재다능한 능력을 가지고 있는 학생을 상담하는 일이라고 한다. 다방면의 재능을 가지고 있는 아이는 여러 부분에 에너지를 분산시키기 때문에 성인이 되어서도 한 가지 직업에 몰두하지 못하고 계속 다른 직업으로 옮겨다니게 된다. 자칫하다가는 자아실현은커녕 우울한 인생을 살게 될 수 있다. 10개 이상의 학원을 병행하다가 나중에 소아정신과를 찾게 된 아이도 있다. 유아기의 두뇌를 학습 위주로 지나치게 학대하면 문제로 키울 수 있다.

수영이든 바둑이든 그림이든 그 어떤 분야에서든 시간과 에너지를 집중하게 해야 한다. 레오나르도 다빈치와 같이 다방면에서 천재성을 발휘할 수 있는 사람은 극히 예외적인 경우이다. 그런 천재가 아니라면 한두 가지 분야를 선택해서 집중해야 창의력을 발휘할 수 있고, 행복한 삶도 살 수 있다.

퇴계 선생의 훈몽(訓蒙)시에 "많은 가르침은 싹을 뽑아 북돋움과 한 가지니 큰 칭찬이 회초리보다 훨씬 낫다네. 내 자식 어리석다 말하지 마라. 좋은 낯빛 짓는 것만 같지 못하리"라는 내용이 있다. 자녀를 부모의 가치관과 세계관에 맞추려고 과욕을 부리면 훌륭한 두뇌를 오히려 망가뜨릴 수 있다. 잔소리나 꾸지람보다 색다른 생각이나 아이디어를 칭찬해 주어라. 그 노력 하나만으로도 창의력의 싹을 돋게 할 수 있다.

창의적인 생활습관 만들기

윌리엄 셰익스피어^{William Shakespeare}의 대표적인 작품인 《맥베스》, 《리어 왕》, 《오셀로》에 사용된 단어의 수는 평균 3만 1,534개로 비슷하며, 가장 빈번하게 등장하는 단어들도 the, and, I, to 등이라고 한다. 그러나 사용한 단어 수와 빈번하게 사용한 단어가 비슷하다고 해도 세 개의 작품이 우리에게 전해주는 감동의 깊이는 전혀 다르다. 단어들을 어떻게 배열하고 조합하느냐에 따라 전혀 다른 작품이 탄생하는 것이다. 지금 당신과 자녀에게 10년이라는 시간이 주어진다면 어떤 교육을 시키고 싶은지 생각해 보자.

아이가 진짜로 원하는 것을 좇아라

개인적으로 나는 우리나라 교육이 안고 있는 문제의 반은 부모에게 있다고 생각한다. 그러므로 부모들이 생각을 바꾼다면 우리나라 교육문제의 반은 해결된 것이라고 본다.

우리나라 부모의 대부분은 반(半) 교육 전문가다. 부모들은 정부나 학교정책을 조용히 지켜보고 있다가 내 자녀에게 조금이라도 마이너스가 된다고 생각하면 전화를 돌리고, 투서를 쓰고, 심하면 점거나 시위도 불사한다. 아이의 교육문제를 자신의 인생을 걸어야 하는 문제로 받아들이기 때문에 어느 것 하나 쉽게 지나치지 않는 것이다.

난 요즘 대치동을 지나가기가 어렵다. 얼마 전 통계를 보니 그 전보다 학원의 숫자가 두 배 이상 늘었다고 한다. 주말마다 영화관에 갈 때 대치동 길로 가곤 했는데, 요즘 이곳을 통과하기가 얼마나 어려운지 모른다. 차가 막히기 시작하면 평소보다 두세 배는 더 걸린다. 학원 숫자가 많아지면서 학생과 부모들을 태운 차량이 늘어났기 때문이라고 보여진다.

정부가 바뀌고 교육정책이 바뀌면 부모도 우왕좌왕하고 학원가도 술렁이면서 일대 변화가 일어난다. 정부에서 아무리 공교육의 정상화 정책을 내놓아도 학부모들은 꿈쩍도 하지 않는다. 오로지 그 정책과 시책들에 맞는 '내 아이의 교육 프로그램'을 다시 짜는 데 고심할 뿐이다. 그런데 제대로 된 정보를 얻고 있다면 문제될 게 없는데 잘못된 정보를 가지고 아이를 엉뚱한 방향으로 끌고 가는 부모들이 많다.

나는 미국에서 유학생활을 마치고 1990년에 귀국해서 서초구 양재동에서 살기 시작했다. 2년 정도 살다가 강남구 도곡동으로 옮겨 지금까지 이곳에서 살고 있다. 유치원과 어린이집에 호기심이 많아 근처에 있는 유아교육기관들을 가끔 방문하곤 한다. 교육과정은 물론 어떤 특별활동과 프로그램을 운영하는지를 물어보는데, 어떤 곳에서는 10개 이상의 특별활동을 하고 있었다. 최근에는 영어는 물론이고 중국어까지 가르치는 곳도 있다. 원장과 이야기를 나눠 보면 교육적으로 문제가 있다는 것은 알지만 학부모가 원하기 때문에 그렇게 하지 않으면 운영하기가 어렵다고 했다.

자녀교육에 맹목적인 부모들, 왜 그럴까?

특목고에 보내기 위해 다섯 살 때부터 야심찬 계획을 세우는 부모도 있고, 심지어 임신부 시절부터 맘에 둔 유치원에 넣겠다며 대기표를 손에 쥐고 있는 부모도 있다. 그때부터 부모는 자신의 삶을 내던져버리고 아이를 위해 세상에 존재하는 사람처럼 행동하기 시작한다. '기러기 아빠'라는 단어를 접하면 나는 마음이 짠하다. 주변에서 아는 사람이 기러기 아빠로 살다가 어느 날 갑자기 돌연사하는 경우도 봤다. 부모의 교육수준이 높을수록 이런 기이한 현상은 더 심하다. 희한한 일이다.

과연 이런 동네에서 자란 아이들이 나중에 성인이 되어 행복할까? 이런 교육현장에서 전투적으로 살고 있는 부모들은 과연 행복할까?

동네 사우나나 피트니스센터에 가면 강남 엄마들의 생생한 목소리를 듣게 된다. 따로 말을 걸 필요도 없다. 엄마들이 많이 모여있는 곳에 가서 옆에 앉아있으면 아이들 교육 이야기가 저절로 귀에 들어온다.

"어떤 학원에 어떤 선생님이 최고다."

"이번 여름방학엔 어떤 학원의 어학연수를 보내야 한다."

"학원 수강료는 얼마다."

집집마다 유학생이 없는 집이 없다. 적게는 1명에서 4명까지 미국, 캐나다, 영국 또는 싱가포르, 호주 등에서 유학하고 있는 자녀가 있다. 그래서 유학과 관련된 정보들도 서로 교환하고 공유한다.

"이번 방학에 애가 들어오면 SAT 학원에 보내야 하는데 어디가 좋을까?"

“지금은 미국에 있는데 캐나다로 옮겨야 할까?”

아이들을 유학 보내는 게 마치 유행처럼 번지고 있다. 그 속에서 유학의 허와 실을 잘 모르는 부모들은 갈팡질팡한다.

요즘 사람들은 경제적으로 그 전 세대보다 훨씬 더 잘 산다. 그럼에도 불구하고 점점 더 많은 것을 필요로 하고 내면은 공허해지고 가족 간의 대화는 더욱 줄어들고 있다. 현대의 부모들은 자식에게 더 많은 것을 주고 있으면서도, 아니 모든 것을 다 주면서 희생하고 있는데도 서로에게 불만을 가지고 있다. 그 이유는 무엇일까?

부모들은 왜 이렇게 자녀교육에 맹목적일까? 그들 말대로 ‘아이가 잘 먹고 잘 살게 하기 위해서’일까? ‘아이의 미래 행복을 위해서’일까? 그렇다면 좋은 대학에 입학하면 행복해져야 하고, 좋은 직장에 취직해서 돈을 많이 벌면 행복해져야 한다. 그런데 과연 그런가?

성공에 대한 집착에서 벗어나라

요즘 심리치유 관련 책들이 베스트셀러가 되는 이유를 생각해 볼 필요가 있다. 심리적으로 치유를 필요로 하는 사람들이 그만큼 많다는 얘기가 아니겠는가!

행복을 이야기하는 책들을 읽어보면 ‘돈이란 의식주를 위해 필요한 수준을 넘어서면 더 이상의 목적이 될 수 없다’고 이야기한다. 전보다 부유해졌다고 해서 더 행복해지는 것은 아니라는 말이다. 그런데 대부분의 사람들은 소득

수준이 높아지면 지금보다 더 행복해질 것이라는 막연한 환상을 품고 있다. 좋은 대학에 가면 좋은 직장이 보장될 것이고, 연봉이 높아지면 행복해질 것이라는 잘못된 환상에서 벗어날 필요가 있다.

놀랍게도 자신이 원하는 부(富)를 성취한 다음에 오히려 우울함을 느끼는 사람들이 많다는 연구결과가 있다. 부를 축적하기 위해 시간과 노력을 쏟아부음으로써 얻게 되는 공허감 때문일 것이다. 지나친 부와 사회적 성공에 대한 집착이 오히려 부모와 자녀의 삶을 더 피폐하게 만들고, 행복한 삶에서 더 멀어지게 만들고 있는지 모른다.

미국과 영국의 연구결과를 보면 학생들에게 인생목표를 물었을 때 "돈을 많이 버는 것"이라고 대답한 수치가 1960년대보다 1990년대에 더 높았다. 또한 미국의 경우 우울증이 1960년대보다 10배나 증가했고, 우울증이 발병하는 나이도 1960년대에는 29.5세였는데 14.5세로 낮아졌다. 영국의 연구결과를 보면 1957년에 '매우 행복하다'고 말한 사람이 52퍼센트였는데 2005년에는 36퍼센트에 불과했다.

"난 우리 부모처럼 살지 않을 거야"

통계에 따르면 우리나라는 세계에서 출산율이 제일 낮은 나라다. 왜 우리나라의 젊은이들은 출산을 꺼리는 것일까? 감당할 수 없는 사교육비 때문은 아닐까? 정부에서는 저출산 대책으로 세금우대를 해주거나 아버지 출산휴가, 저렴하고 질 좋은 보육정책 등을 끊임없이 내놓고 있다. 심지어 현금을 주는 출산장려금 정책까지 시행 중이다. 그런데 이러한 정책들이 젊은이들의 생각을 바꿀 수 있을까에 대해서는 의문이 든다.

젊은 사람들은 부모세대가 자신의 교육을 위해 얼마나 희생했는지를 직접 목격한 세대다. 자라는 동안 그들은 "난 우리 부모처럼 살지 않을 거야"라는 가치관을 갖게 되었다. 부모의 과잉기대 속에서 자란 젊은이들은 이제 현명해지고 있다. 적어도 내 부모처럼 무조건 자신을 희생하고 과잉기대하고 분노하고 억울해하면서 살지 않겠다는 일종의 '정신적 시위'를 하고 있는 것 같다. 험난한 교육과정을 겪으면서 느낀 심리적 공허감을 자신의 자녀에게는 대물림하고 싶지 않을 수도 있다. 정부가 아무리 저출산에 대한 창의적인 대책을 내놓는다고 해도, 현금으로 1,000만 원을 지원해 준다고 해도 그들은 정부정책에 솔깃해하지 않는다.

한국개발연구원에서 연구한 결과를 보면 고소득 직장여성일수록 둘째 아이 낳기를 꺼린다고 한다. 아이를 더 낳아 양육부담을 떠안기보다는 직장에 다니면서 소득을 늘려 첫째아이 하나만이라도 잘 키우고 싶어한다고 분석해 놓았다. 이 또한 고소득 직장여성의 선택이다. 출산을 포기하고 고소득 직업군에서 생존하려는 현상이기도 하다.

요즘에는 창의력을 공부해서 직접 자녀의 창의력 두뇌를 키워주고 싶어하는 아버지들도 많다. 아버지든 어머니든 부모로서 자신이 자녀에게 어떤 역할을 하고 있는지 곰곰이 생각해 볼 필요가 있다. 자식의 교육을 위해서라면 물불 가리지 않는 정서적인 문제를 가지고 있는 부모인지, 자아실현을 하며 아이에게 모델링을 하는 부모인지, 아니면 그 중간 어디쯤에 서 있는 부모인지 찬찬히 생각해 보자.

 ## 창의적인 생활습관 만들기

아이와 함께 허심탄회하게 이야기를 나눠보자. 당신이 아이에게 진심으로 원하는 것이 무엇인지, 어떻게 자라기를 바라는지 이야기를 나눠보자. 이때 부모로서의 감정을 솔직하게 표현하도록 하자.

간섭하고 통제하면 창의력은 죽는다

'헌신하면 헌신짝 된다'는 우스갯소리가 있다. 무조건 헌신하는 것이 아니라 부모도 자신의 창의적인 능력을 계발하고, 자녀에게 모델링을 하여 함께 창의적으로 발전하는 것이 좋다. 자녀가 창의적인 사람으로 성장하기를 바란다면 부모 자신이 모델링이 되어야 한다. 자신은 전혀 창의적이지 않은 생활을 하면서 아이에게만 "그렇게 뻔한 생각 말고 창의적으로 생각할 수는 없니?"라고 해봤자 아무 소용이 없다.

'모델링'이라고 하면 어려워하는 사람들이 많은데 쉽게 생각하자. 그저 일상생활에서 창의적인 행동을 보여주면 된다. 매번 똑같은 반찬이 상 위에 오르고, 10년 내내 옷장은 늘 한 자리를 지키고 있고, 커튼은 아이가 초등학교에 들어갈 때까지 교체한 적이 없고, 늘 놀러가는 곳에만 가는 환경에서 자라는 아이들이 과연 창의적으로 자랄 수 있을까?

예를 들어 김치로 반찬을 만든다고 해보자. 김치찌개, 김칫국, 김치볶음밥만 만드는 부모가 있는 반면에, 갖은 재료가 함께 들어간 김치김밥이나 묵은지 김치찌개, 해물이 들어간 김치찌개, 김치말이 비빔국수를 만들어주는 부모도 있다. 한 가지 재료로 다양한 요리를 선보이는 부모 밑에서 자라는 아이는 자연스럽게 창의적인 태도를 모델링하게 된다.

융통성 없는 부모는 융통성 없는 아이로 키운다

모두들 알고 있는 것처럼 아이들은 부모와 형제, 친구의 행동을 모방하면서 자신만의 행동을 습득하게 된다. 부모가 적극적인 모델링을 해줘야 하는 이유가 여기에 있다. 나이가 어린 아이일수록 부모의 모습에 많은 영향을 받는다. 부모가 융통성이 없고, 고집이 세고, 지루하게 살아가는 모습을 보여주면 자녀는 그것을 그대로 본받는다고 보면 된다.

오늘부터라도 아이에게 독립적이고 창의적인 모습을 본보기로 보여주자. 모델링에 자신이 없다면 간섭하지 않고 그대로 내버려두는 것도 방법이다. 아이들은 자유로움 속에서 더 많은 창의력을 발휘하기도 한다. 잘못된 과잉보호가 도리어 아이들의 창의력을 사장시키기도 한다. 어설프게 창의력 교육을 하겠다고 들면 오히려 혼란을 일으킬 수 있다.

영재들 중에는 타고난 능력을 다 성취하지 못하는 '미성취 영재'가 많다. 타고난 능력이 많음에도 불구하고 가정과 학교, 사회로 인해 제대로 발휘하지 못하는 경우이다. 그중에서 가장 큰 원인을 꼽으면 부모이다.

부모가 늘 TV를 끼고 있거나 피곤하다고 잠만 자는 경우에는 자식들도 그 모습을 모델링하게 된다. 주말에도 매번 나가는 곳에만 가지 말고 다양한 곳으로 데리고 다니자. 서점이나 영화관을 주로 다녔다면 가끔은 색다른 아이디어를 내보자. 부모의 신선한 아이디어를 보고 자란 아이들이 호기심도 많고 창의적으로 생각한다. 주말에는 가능하면 자연 속으로 들어가 풍부한 관찰력과 민감성을 키워주자. 창의력이 쑥쑥 자랄 것이다. 유대인들은 자녀가 생후 6개월만 지나면 등에 업고 전국을 돌아다니면서 여행을 한다고 한다. 무슨 문제가 생겼을 때 부모들이 독단적으로 결정하고 해결책을 내놓는 것도 지양해야 한다. 가족이 한 자리에 모여 앉아 의견을 나누고 어떻게 해결하면 좋은가를 놓고 브레인스토밍 하는 것도 창의력을 키워주는 데 도움이 된다.

정 어렵다면 밥 먹는 시간을 활용해 보자. 예를 들면 자녀 중에 누군가 밥을 먹기 싫어하는 아이가 있다고 하자. 그러면 가족들이 모여 아이가 밥을 잘 먹을 수 있는 아이디어를 내보는 것이다. "정말로 안 먹을 거야?"라고 윽박지르는 부모보다는 "왜 밥을 먹어야 할까?", "밥을 안 먹으면 어떻게 될까?", "밥에는 어떤 영양소가 들어있을까?", "밥이 사라진다면 어떻게 될까?"와 같은 문제를 생각할 수 있는 모델링을 보여주는 부모가 되자. 이런 시간 속에서 서로의 생각을 알 수 있을 뿐만 아니라 자녀의 생각을 표현할 수 있는 기회까지 주게 되어 창의적인 발표력까지 향상시킬 수 있다.

당신은 어떤 부모인가? 자녀가 밥을 잘 먹지 않을 때 어떻게 했었는지, 유치원이나 학교에 가기 싫다고 할 때 어떻게 했었는지 생각해 보자. 그것들만 살펴봐도 당신이 부모로서 창의적인 모델링을 해왔는지를 확인할 수 있다.

뭔가에 빠져있을 때는 방해하지 마라

자유롭게 행동하는 분위기를 만들어주는 것도 모델링이 될 수 있다. 창의적이지 못한 아이의 가정을 들여다보면 부모들이 아이의 행동을 끊임없이 통제한다. 하지 말아야 할 규칙과 해야 할 것들이 얼마나 많은지 그 안에서 아이가 규칙에 꽁꽁 묶여 있는 느낌이 든다. 여러 가지 규칙들을 앞세우게 되면 이럴 때는 이렇게 해야 하고, 몇 시부터 몇 시까지는 무엇을 해야 하고, 허락 없이 이것을 하면 안 된다는 식으로 아이의 생각이나 행동을 사사건건 간섭하게 된다. 이런 분위기에서는 상상의 나래를 펼칠 수 없다. 꽃봉오리가 열렸다가도 활짝 피우지 못하고 시들고 말 것이다. 사사건건 아이의 행동을 규제해서는 안 된다. 큰 틀만 제시해 주고 그 안에서 아이가 편안한 마음으로 마음껏 생각하고 행동할 수 있도록 창의적인 분위기를 만들어주자.

창의성 연구 중에 매우 흥미로운 연구가 하나 있다. 창의적인 소설가나 시인의 어린 시절을 들여다보면 편모나 편부 슬하에서 자란 사람들이 의외로 많다는 것이다. 부모의 지나친 간섭으로부터 벗어나 혼자 있는 시간을 많이 갖고, 그 속에서 자유로운 상상의 나래를 펼 수 있었기 때문에 작가로서의 소양이 만들어진 게 아닐까 생각해 봤다.

그렇다고 억지로 그런 환경을 만들어줄 수는 없는 일이다. 대신에 혼자서 조용하게 생각할 수 있는 분위기는 만들어줄 수 있지 않을까? 아이가 책을 읽고 있거나 블록을 가지고 놀고 있을 때 그 일에 열중하고 있다면 방해하지 않도록 하자. 아이가 몰두하는 일에 푹 빠질 수 있도록 시간과 공간을 확보해 주는 노력이 필요하다. 부모가 지나치게 아이의 행동에 간섭하게 되면 창의적인 아이디어를 만들어낼 수 있는 시간이 부족해지고, 결과적으로 창의력 두뇌를 키우기 힘들어진다. 아이가 '창의적인 두뇌회로'를 만들고 있는 시간을 방해하지 않고 지켜봐주는 것만으로도 부모는 훌륭한 모델링을 하는 것이다. 부모 역시 자신만의 즐거움에 흠뻑 빠져있는 모습을 보여주는 것이 좋다.

"지금은 엄마가 책 읽는 시간이란다."

"지금은 아빠가 신문을 읽고 있어."

이런 기회를 통해서 혼자만의 시간을 확보하는 것이 중요하다는 것을 아이에게 모델링해 줄 수 있다. 이와 같이 부모의 생활태도만 조금 바꾸면 큰 돈을 들이지 않고도 창의력을 키워줄 수 있다. 바빠서 아이와 함께 도서관에 나가는 게 힘들거나 책을 읽어주고 영화를 보고 전시회를 가는 게 어렵다면 아이 혼자서 생각하고 즐길 수 있는 시간이라도 만들어주자.

캘리포니아 대학의 심리학자들은 창의적인 가정과 가족에 대해 아주 오랫동안 종단연구를 했다. 애머빌Teresa Amabile은 그 연구결과에서 창의적인 부모와 창의적이지 못한 부모에 대해 이렇게 말했다.

"창의적인 부모는 자녀에게 다정하게 지원해 주고, 용기를 주고, 독립적으로 일하도록 격려해 주고, 존중해 준다. 자녀가 어떤 의견을 말했을 때 그것을 존중해 주고, 좀 더 자유롭게 표현하도록 격려해 준다. 반면에 창의적이지 못한 부모는 어떤 일을 지나치게 구체적으로 설명해 주고, 직접적으로 지시하고, 문제해결책을 제시해 주고, 과제를 수행하라고 압력을 행사하고, 자녀와 힘겨루기를 한다."

당신은 어떤 부모인가? 아이의 창의력을 격려해 주고 북돋아주는 창의적인 부모인가? 아니면 늘 지시하고 간섭하고 끊임없이 힘겨루기를 하며 에너지를 낭비하는 부모인가? 창의력이 부족한 아이 뒤에는 반드시 '창의적이지 못한' 꽉 막힌 부모가 있다. 반면에 창의적인 아이디어가 넘치고, 잘 표현하고, 생동감이 넘치는 아이 뒤에는 창의적인 부모가 든든하게 지원해 주고 있다.

창의적인 생활습관 만들기

아이에게 우리 집에는 몇 개의 규칙이 있는지를 물어보자. 그리고 혼자만의 시간을 허용하는 집 안 분위기인지 허심탄회하게 이야기를 나눠보자.

지나친 기대는 아이의 삶을 갉아먹는다

주변에서 보면 "아이는 내가 잘 알고 있죠. 내 속으로 낳은 자식인데요"라고 큰 소리 치는 부모들이 많다. 그런데 부모들의 착각인 경우가 많다. 학원으로만 내몰 줄 알았지, 자녀의 목소리에 진심으로 귀 기울였다고 자신할 수 있는 부모는 그리 많지 않다.

더 큰 문제는 자녀를 자신의 소유물로 생각하는 부모들이다.

"다 너 잘 되라고 하는 일이야!"

말은 그렇게 하지만, 정작 그 속을 들여다보면 '다 네 인생 망치려는 거야'

로 보이는 경우도 많다. 부모 자신이 이루지 못했던 일을 자식을 통해 대리 성취하려는 잘못된 욕망을 비워내야 한다. 부모가 자녀에게 집착하는 순간 부터 자식 인생은 망가지기 시작한다. 동시에 부모 인생도 엉망진창이 되는 경우가 허다하다.

지나친 집착은 독이 된다

요즘은 너나 할 것 없이 유학을 가는 시대가 되었다. 아무리 부모가 유학을 생각하고 있더라도 우선은 아이의 말을 들어봐야 한다. 어떤 아이에게는 우리나라 교육이 더 적절한 경우도 있다. 매스컴에서 다루는 유학의 허와 실을 심각하게 왜곡해서 볼 필요는 없지만, 부모와 자녀는 머리를 맞대고 앉아 진지하게 얘기를 나눠야 한다. 또한 아이가 소심하고 소극적인 성격은 아닌지, 정서적으로 미숙하지는 않은지, 새로운 문화를 받아들이는 데 개방적인지, 언어능력은 어느 정도인지, 대인관계 기술은 어떤지에 대해 세밀하게 분석해 봐야 한다.

나는 기본적으로 유학을 찬성하는 편이지만 반드시 아이가 유학을 가고 싶어하는지, 가고 싶어한다면 언제 가고 싶어하는지를 잘 관찰하고 논의해서 유학 여부와 시기를 결정하는 것이 좋다고 생각한다.

딸아이의 유학문제가 나왔을 때 나는 "언제든지 네가 가고 싶을 때 가라" 고 이야기해 줬다. 덧붙여 "유학을 원치 않는다면 우리나라에서 대학을 가는 것도 좋다"라고 이야기해 줬다. 중학교 때까지만 해도 "난 유학 갈 생각 전혀 없어. 난 엄마랑 있을 거야”라고 하던 아이가 고등학교 1학년 1학기가 되자 말이 달라졌다.

“엄마 제 상상력이 점점 죽는 것 같아요. 아무래도 유학을 가야겠어요.”

아이는 그때부터 차분하게 유학 갈 준비를 시작했다.

부모가 과욕을 부려 유학을 보내게 되면 반드시 부작용이 따른다. 모든 사람들이 유학을 꿈꾸고 보낼 수 있는 경제력을 가지고 있는 것은 아니다. 세상에는 돈이 아무리 많아도 할 수 없는 일이 있고, 하지 말아야 할 일이 있다. 경제력도 탄탄하고 우리나라 교육정책에 문제가 많다는 걸 인정하면서도 이곳에서 교육받기를 원하는 사람이 있고, 그만한 경제력이 없는데도 기러기 아빠를 자청하거나 집을 팔고 가사도우미까지 해가면서 아이를 유학 보내는 사람도 있다.

그런데 요즘에는 굳이 외국 유학을 가지 않아도 안방에서 모든 교육을 받을 수 있는 시대가 되었다. MIT에서는 ‘지식을 기부한다’는 기치 아래 MIT 대학에서 제공하는 모든 교육과정을 전 세계 사람들을 대상으로 기부하고 있다. 교육내용과 교육과정, 필독서, 과제물부터 심지어 평가방법과 관련된 시험문제까지 모두 알 수 있다. 아프리카 오지에 있는 사람도 원하면 모든 교육을 무료로 받을 수 있는 시대가 된 것이다. 단, 학위를 받으려면 1년에 1억 정도 되는 수업료를 내야 한다. 그런데 내 인생에 학위 따위는 필요 없다고 생각하는 사람이라면 공짜로, 원하는 시간에, 원하는 만큼의 교육을 받으면 된다. 언어능력은 물론 자기관리가 잘 되는 사람에 한해서 가능한 일이지

만, 유토피아 같은 세상이 열린 것만은 분명하다. 그 실현성의 여부가 개개
인의 의지에 달렸기 때문이다.

아이는 부모의 소유물이 아니다

우리나라 교육에 심각한 문제가 있다는 것에 동의하는 사람들이 많다. 어느
순간 교육체제가 무너질 수도 있지 않겠냐고 진단하는 사람도 있다. 교육이
붕괴되기 전에 재초기화reinitialize해야 한다는 다소 과격한 주장까지 나왔다.
잘 작동되던 컴퓨터가 어느 순간 치지직 소리 내며 꺼져버리고 재부팅해도
다시 켜지지 않는 경우가 된다면 몇십 년 동안 쌓아온 노력이 물거품이 될지
모른다는 우려의 목소리도 높다.

이런 교육환경에서 자녀에게 불상사가 발생하지 않게 하려면 부모는 소통
의 귀재가 되어야 한다. 부모의 기대와 자녀의 마음이 전혀 다른 곳을 향하
고 있다면 자녀교육이 제대로 이루어지기 힘들다.

영화 〈걸어도 걸어도〉를 보면 자식에 대한 기대에서 평생 자유롭지 못한
아버지가 나온다. 의사인 아버지는 자식 중에서 하나는 의사가 되면 좋겠다
는 바람을 오랫동안 버리지 못한다. 나중에는 손자 중에서라도 의사가 나오
면 좋겠다고 기대한다.

모든 부모는 자식에 대해 일정한 기대치를 품는다. 그러나 자식은 성장할
수록 부모의 기대를 벗어난 다른 방향의 인생을 찾아간다. 그 과정에서 부모
는 외로워지고 갈등의 골은 점점 더 깊어진다. 〈걸어도 걸어도〉의 주인공들

도 부모의 욕심을 제대로 채워주는 자식이 하나도 없다. 부모의 뜻대로 의사가 될 것 같았던 큰아들은 사고로 죽고, 그 때문에 더욱 의사가 되었으면 바랐던 둘째아들은 사별한 남편과의 사이에서 아들까지 둔 여자와 결혼하고, 유일한 딸은 자기 것만 챙기느라 바쁘다.

자식들 역시 부모님이 편하지가 않다. 부모는 자식 인생에 너무 개입하려 해서는 안 된다. 우리나라 부모들의 자식사랑은 너무 지나쳐서 결혼 후에도 AS를 자처하고 나설 정도다. 독립적으로 인생을 꾸려나갈 나이가 되면 부모는 한 걸음 뒤로 물러서서 자녀의 인생을 지켜보는 존재가 되어야 한다. 자녀 스스로 길을 개척해 나가도록 독립시켜줘야 한다는 말이다.

드문 경우지만, 어떤 사람은 부모의 말을 거스르는 일 없이 묵묵히 10년, 20년 또는 40년 동안 부모가 원하는 길을 걸어가기도 한다. 어려서 영화감독이 되고 싶었지만 부모가 의사가 되기를 원해서 의사가 된 사람이 있었다. 그런데 나이가 들어서야 "이 길은 내 길이 아니야"라며 뒤늦게 영화감독의 길을 걷기 시작했다.

서울대학교를 졸업한 사람이 자신이 정말로 전공하고 싶은 분야를 찾아 전문대학에 다시 들어가는 경우도 있다. 이런 사람이야말로 자신의 내면의 소리에 귀 기울일 줄 아는 지혜로운 사람이다. 자녀가 자신의 길을 걸어갈 수 있도록 배려해 주는 부모야말로 제대로 된 부모다. 자녀에게 "이걸 해라, 저걸 해라"라고 요구하는 부모는 아이를 일종의 소유물로 여기고 자신의 대리만족을 위해 살 것을 강요하는 사람이다.

아이의 스타일을 인정하라

부모는 아이가 자신의 길을 걸어갈 수 있도록 뒤에서, 옆에서 보조만 해야한다. 그래야 아이가 창의적이고 행복한 사람으로 성장할 수 있다. 부모가 자신의 목소리를 내세워 아이를 재촉하고 조종하는 것은 결국 아이의 삶을 갉아먹는 결과를 낳기 쉽다. 부모와 자녀 간의 갈등은 여기서부터 시작되고, 틈이 벌어지고, 불행의 싹을 틔우게 된다.

아이의 독특한 스타일을 인정해 주는 노력도 필요하다. 자기 생각이 모두 옳고, 자신의 공부 스타일이 최고의 방법이라고 고집하는 막무가내형 부모 밑에서는 절대로 창의적인 인물이 나올 수 없다. 공부하는 스타일은 사람마다 다르다. 록 음악을 틀어놓아야 집중이 잘 되고 학습 효과가 높아지는 아이가 있을 수 있다. 그런 아이를 이해하지 못하고 타박만 하는 부모 밑에서는 아이가 잠재능력을 꽃 피울 수 없다.

가령, 아이는 올빼미 스타일이라 새벽 세 시까지 공부하고 늦은 아침에 일어나는데, 부모는 저녁 아홉 시에 취침하고 새벽 다섯 시에 일어나는 스타일이라고 치자. 이런 경우에는 부모 자식 간에 트러블이 생길 가능성이 매우 크다. 일찍 자고 일찍 일어나는 부모 눈에는 아이가 매우 게으르게 보일 게 뻔하기 때문이다. 개개인의 다른 스타일을 이해해 주지 않는 부모 밑에서는 자식이 답답함을 느끼는 게 당연하다. 따라서 부모는 자신의 스타일이 옳다고 고집을 부릴 게 아니라 아이가 가지고 있는 스타일에 대해서도 인정하고 협상하는 열린 태도를 보여야 한다. 지나친 간섭은 오히려 부족한 것보다 위험하다. 과유불급(過猶不及)이란 말도 있지 않은가!

영국의 고든 브라운Gordon Brown 전 총리는 MP3에 노래를 담아서 듣는다고 한다. 이 안에는 베토벤과 바흐의 음악도 들어있지만 록 음악도 들어있고 자녀가 좋아하는 음악도 들어있단다. 요즘 세상은 자녀가 좋아하는 아이돌 가수나 음악, TV 프로그램 정도는 알고 있어야 말이 통하는 부모라는 말을 듣는다.

창의적인 생활습관 만들기

자녀와 잘 소통하려면 아이들이 좋아하는 아이돌, 음악, 애니메이션, TV 프로그램 등을 잘 알아야 한다. 아이가 좋아하는 것들을 물어보고, 뭔가를 새로 배우고 싶거나 장래에 하고 싶은 일이 생겼다면 그에 대해서도 대화를 나눠보자.

요구하기 전에
아이를 관찰하라

'직접 시도하기 전에는 우리가 무엇을 할 수 있는지 알지 못한다'는 서양 격언이 있다. 아이가 어릴 때는 관찰을 잘해야 한다. 아이는 성장하는 동안 수십 번, 수백 번을 변하고 새로운 재능을 보여주기 때문이다. 아이가 앞으로 어떤 방향으로 걷게 될지는 시쳇말로 며느리도 모르는 일이다. 부모는 한시적으로 독립된 인간으로 살아갈 수 있도록 도와주는 안내자에 불과하다는 것을 기억해야 한다.

특히 어렸을 때는 세심하게 관찰해야 한다. 어떤 특징이 있는지를 잘 관찰하고 그것을 살려 창의성을 꽃 피울 수 있게 도와야 한다. 어려서부터 꽃 그리기를 좋아하거나 운동을 좋아하는 아이에게 의사가 되라고 강요한다면 어떻게 될까? 부모가 할 수 있는 최선은 자녀가 무엇을 할 때 가장 행복감을 느끼고 창의성을 발휘하는가를 관찰하는 것이다. 무리하게 어떤 것을 하라고 요구하지 말고 그저 옆에서 목소리를 낮추고 관찰하도록 하자.

목소리를 낮추고 아이를 관찰하라

나는 '특수아교육 : 영재교육을 중심으로'라는 과목을 꽤 오랜 시간 강의해 오고 있다. 이 수업에서는 학생들이 자신의 재능을 탐색하는 것이 중요한 프로젝트로 주어진다. 학생들은 어린 시절 친구나 유치원부터 대학에 들어오기까지 그를 지도했던 선생님들, 친척 등을 대상으로 사전에 질문지를 만들어서 심층 인터뷰를 하고, 자신의 재능과 관련된 수상 기록물을 모아보도록 한다. 그 결과를 중심으로 자신의 재능이 무엇인지를 파악해 보고, 미래에 어떤 일을 하면 가장 행복할지 졸업 전에 점검해 보는 시간을 갖는다.

이 프로젝트는 자신을 알고 있는 조부모나 친구, 선생님들과의 인터뷰를 통해 나의 타고난 재능이 무엇인지를 찾아보는 데 목표가 있다. 자신의 재능을 찾아내서 그것을 발달시키고 창의력을 발휘할 수 있다면 이보다 더 행복한 삶은 없을 것이다. 결국 재능을 찾아서 행복한 인생을 찾아갈 수 있도록 도와주기 위한 프로젝트인 셈이다.

자신이 하고 싶은 일을 찾아서 하는 것이 가장 효율적이고 가치 있다는 사실은 대부분의 사람들이 알고 있다. 그런데 프로젝트를 통해 알게 된 사실은 자신이 진정으로 하고 싶은 일이 무엇인지, 타고난 재능이 무엇인지를 모르는 학생들이 의외로 많다는 것이다.

발표할 때 보면 교수가 되고 싶다는 학생이 많다. 그러면 나는 이런 질문을 한다. 자신의 재능이 읽고 쓰고 가르치는 데 있고, 살아가는 동안 연구하면서 보낼 수 있고, 그럴 때 가장 행복하다고 느낄 수 있는지를 생각해 보라고 말이다. 그러면 학생들은 다시 한 번 생각해 보겠다고 말한다. 교수라는 직업에 대해서만 생각했지 그 직업이 하는 일과 자신이 잘 맞는지는 심각하게 생각해 보지 않았다는 것을 알 수 있다.

널리 알려진 독일의 교수 이야기가 있다. 그 교수의 하루 일과는 연구에서 시작해 연구로 끝났다. 아침에 도시락을 들고 나가 하루 종일 연구를 하고, 연구가 끝나면 다시 집으로 와서 잠을 잤다. 그러던 중 하도 거리가 시끄러워서 신문을 펼쳐보았다. 그때서야 세계대전이 1914년에 일어나서 1918년에 끝났다는 사실을 알았다. 불철주야 연구에만 몰두하다 보니 조국 독일에 전쟁이 시작되고 끝났다는 것도 몰랐던 것이다. 내 주위에도 이런 특성을 가지고 있는 교수들이 몇몇 있다.

사람은 누구나 타고난 재능이 있다. 어떤 사람은 연구하는 일에 재능을 타고나고, 또 어떤 사람은 요리 코디네이터, 의상 코디네이터, 음악치료사, 모형제작사, 건축가, 웹디자이너, 개그맨, 분장사, 헤어디자이너, 정원사, 선물거래중개사, 향료연구가, 소믈리에, 가수, 여행 컨설턴트, 카피라이터 등의 직업에 더 적합한 재능을 타고났을 것이다.

아이의 눈이 반짝이는 순간을 찾아라

다가올 세상에서는 지금보다 훨씬 더 많은 직업이 생겨날 것이다. 각각의 분야에서는 더더욱 창의적인 사람을 요구할 것이다. 그러므로 자신의 재능을 파악할 때도 좀 더 세분화시켜서 찾아볼 필요가 있다. 언어능력이나 수리능력이 뛰어나다고 표현하기보다는 언어영역에서도 시 또는 단편소설 등과 같이 아주 구체적이고 세분화된 재능으로 표현되어야 한다. 이런 재능은 어려서부터 부모와 교사가 함께 관찰하고 찾아나가야 한다. 아이가 초등학교에 입학하면서부터 좀 더 구체적으로 재능의 발현 여부를 관찰하고 기록해 나가도록 하자.

유아들을 관찰할 때는 어떤 활동을 할 때 눈빛이 반짝이는지를 살피면 된다. 그런 시간을 놓치지 말고 잘 기록해서 포트폴리오를 작성해 보자. 또한 집 안에서는 어떤 활동을 할 때 가장 행복해하는지를 살피자. 수, 과학, 언어 등 다양한 활동영역이 있는데 이 중에서 어떤 영역에서 어떤 능력을 발휘하는가를 파악하는 것보다 더 중요한 것이 있다. 무엇을 할 때 가장 행복한 표정을 짓는지를 살피는 것이다.

그 어떤 검사보다 세밀한 관찰과 기록이 중요하다. 지금부터라도 관찰한 내용과 다양한 심리검사 등을 토대로 자녀의 재능을 찾아보자. 검사만 하거나 관찰만 하는 것보다는 두 가지를 병행하는 것이 가장 바람직하다는 생각을 가지고 오늘부터라도 적극적으로 아이들의 재능을 탐색하기 바란다.

 ## 창의적인 생활습관 만들기

지하철 안에서 자투리 시간을 활용해 관찰력을 키워보자. 사람들의 표정이나 신고 있는 구두를 유심히 관찰해 보자. 세심한 관찰능력은 하루아침에 생기는 것이 아니다. 집 안에서 함께 살고 있는 아이를 아주 잘 안다고 생각하는 부모들이 많은데, 실제는 그렇지 않은 경우가 많다. 부모는 아이의 있는 그대로를 보는 게 아니라 보고 싶은 대로 보는 경향이 있다고 한다. 부모의 관찰능력을 키워야 하는 이유가 여기에 있다.

3장

창의력 두뇌,
생활습관으로
만든다

“나는 특별한 재능을 갖고 있지 않다.

오직 열정으로 가득한 호기심을 갖고 있을 뿐이다.”

• 알베르트 아인슈타인^{Albert Einstein} •

아이와 함께 책 읽는 시간을 만들어라

창의력의 기본은 읽기와 글쓰기다. 기본이 충실해야 창의력이 제대로 꽃 필 수 있다. 지금은 고인이 되신 박사과정의 지도교수님은 내게 "늘 하루에 30분 이상씩 글을 써라"는 가르침을 주셨다. 그래서 나는 글을 읽는 것만큼 쓰기가 중요하다는 말을 잠언처럼 마음속에 새기고 살았다.

나는 "창의력 교육과 영재교육을 어떻게 시키면 좋나요?"라는 질문을 많이 받는다. 그때마다 아주 원론적인 대답을 하게 된다.

"경청하세요. 그리고 아이에게 책을 큰 소리로 읽어주세요."

아이가 말하는 것을 귀담아 듣고 책과 가까이하게 분위기를 조성해 주면 된다는 말이다. 창의력의 모든 비밀이 그것에 있는데 사람들은 잘 모른다.

책이라면 만화책도 좋고, 고전도 좋다. 나는 어떤 책이든 가리지 않고 읽는 것이 좋다고 생각한다. 굳이 좋은 책만 선별해서 읽힐 필요는 없다. 교육적으로 문제가 되지 않는다면 어떤 책이든 괜찮다. 두껍거나 얇거나, 글씨가 작거나 크거나, 무겁거나 가볍거나, 그림이 있거나 없거나 그런 것들은 큰 문제가 되지 않는다. 두세 살만 되어도 아이는 읽고 싶은 책이 생긴다. 게다가 얼핏 보기에 글씨도 작고 그림도 어설퍼 보이는데 아이의 '마음'을 끄는 매력적인 책이 있다.

책은 마구잡이로 읽어도 괜찮다

만 24개월이 넘은 딸아이랑 서점에 간 적이 있다. 아이는 책 한 권을 들고 사달라고 했다. 얼핏 보니 책 크기도 작고 글씨도 작아서 어린아이가 읽을 수준이 아니었다. 책장을 넘겨보니 할로윈을 주제로 한 내용이었다. 나는 내심 좀 더 밝고 유쾌하고 교육적인 책을 골랐으면 싶었다. 하지만 아이는 책 표지의 주황색 호박 그림에 푹 빠져 있었다. 아이 표정을 본 나는 더 고민하지 않고 책값을 지불하고 품에 안겨줬다.

이제 서른이 다 된 딸에게 이런 질문을 한 적이 있다.

"어렸을 때 읽었던 책 중에 가장 기억에 남는 책이 뭐니?"

"엄마, 혹시 기억나요? 왜 그 아주 작은 할로윈 책!"

"아, 그 책 기억하지! 난 그때 사실 왜 이런 책을 사달라고 할까 생각했단다. 근데 네가 너무 갖고 싶어하는 거야. 그래서 어쩔 수가 없었지."

"그 책 정말 여러 번 읽었어요. 그때부터 글자에 관심을 갖게 된 것 같아요."

"그랬구나! 책장을 넘겨보면 무서운 그림이 꽤 나왔잖아. 난 솔직히 사주면서도 네가 그 책을 멀리했으면 생각했어. 근데 내 기억에도 네가 아주 오랫동안 들고 다닌 것 같구나."

"전 정말 그 책이 너무 좋았거든요."

그때 딸아이의 표정은 무척 행복해 보였다. 그 시절의 행복한 순간으로 잠시 돌아간 듯했다.

그 시절 내 손에는 '연령별 권장 도서목록'과 '좋은 책 선정 기준표' 같은 것이 있었고, 그에 관련된 글도 썼던 참이었다. 그런데 정작 딸아이는 그 기준에서 한참 벗어난 책을 갖고 싶어했다. 그러나 난 망설이지 않았다. 아이 나이에 맞는 좋은 책 기준에서 벗어난 게 분명했지만 아이가 그 책을 원했기 때문이었다.

아이는 그 책을 통해 글자에 관심을 갖기 시작했고, 책을 좋아하게 되었으며, 지금은 나보다도 빠른 속도로 책을 읽는다. 꼭 그 책을 사주지 않았더라도 아이는 지금의 모습으로 자랐을지도 모른다. 하지만 나는 그때 아이가 호기심 가득한 눈으로 들고 왔던 책을 사주길 잘했다는 생각이 든다. 아이 스스로 "그 책이 나를 글자의 세계로, 책의 세계로 안내했어요"라고 기억하고 있지 않은가.

인생의 어느 한 모퉁이에서 책에 대한 관심을 갖게 되면 창의적인 잠재능력을 발휘할 기회가 열리게 된다. 폴 오스터[Paul Auster]의 《달의 궁전》이라는 소설을 보면 주인공은 빅터 삼촌으로부터 1,492권의 책을 물려받는데, 그 책을 모두 읽고 나서 세상에 대해 눈을 뜨게 된다. 그 책들은 분야나 순서에 상관없이 마구잡이로 한데 섞여 있었다. 소설, 희곡, 역사책, 여행기, 체스 입문서, 탐정 소설, 공상과학 소설, 철학 서적이 뒤죽박죽 섞여 있었다.

나는 이 소설을 읽으면서 '나에게도 이런 삼촌이 있었다면 얼마나 좋았을까?' 하는 부러운 생각이 들었다. 아이에게 자유롭게 다양한 책을 선택할 수 있는 기회를 주자. 자연스럽게 책을 좋아하게 될 것이다. 단, 폭력적이거나 선정적인 내용이 없는지는 살펴야 한다.

그리고 단순히 책을 읽는 수준이 아니라 속독을 할 수 있도록 도와주자. 미국에서는 영재교육과정 중에 속독이 포함되어 있다. 영재들은 읽기에 대한 욕구가 크기 때문에 속독할 수 있는 방법을 가르치는 것이다.

만약에 체계적으로 읽기를 시키고 싶다면 유아의 발달수준 검사 중에서 언어와 관련된 읽기능력 검사에 관심을 가져보기 바란다. 유아의 발달수준을 알아보기 위한 검사에는 여러 가지 종류가 있다. 우리나라의 국립교육평가원에서 만든 발달수준 검사가 널리 알려져 있는데, 이 검사는 만 4세에서 7세 미만 유아들의 발달수준을 알아보는 검사이다. 그 내용은 운동기능, 지각, 언어, 학습에 대한 관심 및 창의성, 수학/과학, 표현, 사회성 등 7가지 영역으로 구성되어 있다.

언어영역의 발달수준을 체크하라

그중에서 언어영역을 살펴보면 교사의 이야기에 반응하기(듣기 태도), 자신의 의견 이야기하기(말하기 태도), 교사의 이야기 이해하기(말 이해하기), 교사의 이야기(지시)를 이행하기(행동), 이야기의 내용을 이해하고 표현하는 문항이 있다. 특히 읽어주는 이야기에 관심 가지기, 읽기에 관심 가지기, 이야기의 주제를 유지하며 대화하기, 동화와 동시 즐기기, 바르게 발음하여 말하기, 듣는 사람과 상황에 따라 말하기, 교사가 묻는 질문에 적절히 대답하기, 문제 상황에 적절한 이야기하기 등과 같은 문항에서는 유아가 이야기를 듣는 것에 관심을 가지거나 즐길 수 있는지, 나아가서 이야기를 이해하고 대화를 나눌 수 있는지의 발달정도에 따라 1점에서 5점까지 점수를 매긴다. 그 외에 쓰기, 시제(과거, 현재, 미래 시제)에 맞게 이야기하기, 전치사와 접속사를 이해하고 사용하기, 바르게 이야기하기(문장구조), 그림카드 배열하고 이야기 꾸미기 등이 있다.

읽기능력에서의 학습재능 영재 여부를 알아보기 위해서는 ① 책 읽기를 좋아하는지 ② 어휘력 사용과 문장력이 뛰어난지 ③ 독서를 할 때 장시간 집중하는지 ④ 한 번 읽었던 것을 잘 이해하고 기억하는지 ⑤ 여러 가지 상징과 문자, 단어를 잘 기억하는지 ⑥ 인쇄물의 이름이나 단어 등에 많은 흥미를 느끼는지 ⑦ 읽을 줄 아는지 등을 체크하면 된다.

일반 유아와 영재 유아의 경우 읽기 능력에 차이를 보이는데, 읽기 수준이 일반 유아에 비해 1~2년 정도 빠르면 학습재능 중에서 읽기 능력이 뛰어난 것으로 본다.

언어란 읽기, 쓰기, 말하기, 듣기로 구성되어 있는데, 네 가지 영역이 골고루 발달해야 한다. 말하고 읽고 듣고 쓰는 언어활동 중에서 말하고 읽고 듣는 훈련은 어른과 함께할 수 있는 활동이다. 무엇보다 유아의 발달수준에 맞는 책을 잘 선택해서 읽어주면 읽기와 듣기, 말하기 훈련이 이루어져서 초등학교에 입학한 후에도 쉽게 배우고, 학습의 즐거움을 알게 된다. 아울러 상상력과 사고력까지 발달한다.

왜 아이와 같이 읽어야 할까?

〈타임〉지에서 오랫동안 기자로 활동했던 보니 앤젤로^{Bonnie Angelo}의 책《대통령을 키운 어머니들》을 보면 퍼스트레이디였던 바버라 부시 여사는 미국의 전 대통령인 조지 부시를 위해 매우 적극적이고 실천적인 역할을 해왔다는 것을 알 수 있다. 교육문제에 매우 적극적이었던 그녀는 조지 부시가 초등학교 시절 난독증으로 읽기에 어려움을 느끼고 있다는 것을 알고 매주 토요일마다 플래시카드를 손에 들고 읽기 연습을 시켰다.

부시 여사가 어린이 독서교육운동을 하고 있는 '바버라 부시 가정교육재단'에서는 '왜 같이 읽어야 하는가?', '소리 내어 읽는 비결' 등과 같은 간단한 글을 소개하고 있다. 그것들은 독서교육을 위한 일종의 지침서라고 할 만하다.

‘왜 같이 읽어야 하는가?’에 나오는 핵심내용 몇 가지만 짚어보면 다음과 같다.

첫째, 부모가 책을 읽어준 아이들은 그렇지 않은 아이들보다 훨씬 쉽게 글자를 배운다.

둘째, 아이들에게 책을 읽어준다는 것은 호기심과 상상력, 어휘력을 신장시키는 데 도움이 된다. 집중력과 사고력도 길러주고, 성공적인 대화기술까지 얻게 한다.

셋째, 아이들에게 책을 읽어주면 많은 대화를 나눌 수 있고, 그 속에서 아이들의 생각과 감정을 공유할 수 있다. 아이들은 감성적으로 성장하게 되고, 부모와의 관계도 긴밀해진다.

넷째, 무엇보다 아이들은 책 읽어주는 것을 좋아한다.

부모들은 바쁘다는 핑계로 아이 혼자서 책을 읽도록 유도할 때가 많다. 때로는 CD를 틀어주고 혼자 들으라고도 한다. 그런데 함께 읽을 때의 이점을 생각하면 가볍게 핑계로 둘러댈 일이 아니다. 쉽게 배울 수 있고 호기심과 상상력, 집중력과 사고력까지 키울 수 있으며, 대화능력까지 키워줄 수 있는 방법이라는데, 대체 무슨 고민이 더 필요한가?

우리나라에서도 최근에 ‘어린이 독서교육’에 관심이 커지고 있다. 여기서 단순하게 유아의 ‘읽기 수준’만 신경 써서는 안 된다. 나아가 어떻게 잘 지도할 것인지에 대해서도 많은 연구가 필요하다. 아이들마다 읽기 선호도가 다르고 읽는 속도와 어휘력도 다르다. 아이의 읽기 수준을 가늠하고, 오늘부터 내 아이에게 적절한 읽기 프로젝트를 시작해 보자. 10년, 20년 뒤 그중의 누군가는 세상을 변화시키는 리더로 자라날 것이다.

창의적인 생활습관 만들기

아이와 함께 서점에 나가보자. 그리고 아이에게 사고 싶은 책을 직접 골라보게 하자. 어떤 분야의 책에 관심을 가지는지 관찰할 수 있는 기회가 될 것이다. 집에 와서는 아이가 고른 책을 함께 읽는 시간을 가지자.

안목을 넓히려면 여행을 떠나라

아무것도 없는 상태에서 뭔가를 선택하는 것은 쉬운 일이 아니다. 마찬가
지로 너무 많은 것 중에 하나를 선택하는 것도 쉽지 않다. 가령, 일요일에 아
이를 데리고 나가려고 맘먹으면 어디로 갈까를 놓고 한참을 고심해야 한다.
놀이공원이니 박물관이니 갈 곳이 많은 것도 문제지만 곳곳에서 운영중인
현장학습 프로그램이 얼마나 많은지 "여기로 가자"고 선뜻 결정을 내리기가
쉽지 않다.

전국의 유치원과 학교가 여름방학, 겨울방학을 맞으면 백화점과 대형마

트에서도 체험학습을 마련한다. 몇 년 전만 해도 교육에 초점을 두었던 강좌 위주였는데, 이제는 가족이 함께 야외로 나가서 보고 듣고 느끼는 체험학습 까지 다채롭게 운영한다.

아이가 원하는 체험학습을 시켜라

허브농원이나 갯벌 체험, 조개잡이, 수학 체험전, 숲 속 문화 체험 교실, 재 미난 박물관, 도심 속 사파리 투어, 승마 체험, 퍼포먼스 미술 체험과 같은 강좌가 있다. '온 가족이 함께 만드는 아트 북', '한손에 지도 들고 떠나는 세 계여행', '호신술 배우기', '바닷속 풍경 양초 만들기', '캐릭터 케이크 만들기' 같은 프로그램도 있다. 과학원리를 배울 수 있는 '꼬마 펌프 로켓 만들기', '우 주의 모습 이해하기', '별자리 투영기 만들기' 같은 학습과 직접 관련 있는 프 로그램에서부터 '초등학교 2, 3학년 2학기 교과서 곡 미리 배우기', '주산식 암산수학', '여름방학 과제물 만들기' 같이 학부모들을 유혹하는 프로그램도 있다. 과학과 마술을 함께 배우는 '마술콩 과학교실'은 아이들에게 인기 있는 프로그램이다.

'자동차에 제동장치가 없다면 어떻게 될까요?'처럼 좀 더 적극적인 기회를 주는 프로그램도 있다. 자동차 동력의 원리를 배울 수 있는 어린이 자동차 과학 체험전도 있다. 유아들과 초등학생들을 대상으로 한 어린이 자동차 체 험전 같은 모터쇼에서는 교통안전과 자동차, 과학원리를 동시에 배울 수 있 어서 부모들 입장에서는 매력적인 프로그램이다. 또한 뉴욕 자연사박물관은

'빙하가 녹아 도시가 물에 잠긴다면?'과 같은 기후변화를 주제로 한 특별전을 열어 환경의 중요성을 깨우치기도 한다.

관심을 가지면 주변에는 굉장히 많은 프로그램들이 있다. 조금 과장하면 치일 지경이다. 이런 상황에서 시간과 위치, 비용, 대상연령도 고려해야 하지만, 가장 중요한 것은 아이의 능력과 특성, 선호도를 고려하는 것이다. 부모의 욕심을 앞세워서는 안 된다. 운동을 하고 싶다면 자신의 몸에 맞는 운동을 찾아 해야 한다. 어깨가 유연하지 못한 사람은 어깨운동을, 팔의 힘이 약한 사람은 팔 근육을 키우는 식으로 말이다. 모든 사람에게 좋은 운동이란 세상에 존재하지 않는다. 현장학습 프로그램도 마찬가지다.

바이올린이나 클라리넷 연주보다 야구나 축구를 훨씬 더 좋아하는 아이가 있다. 반대로 운동이라면 딱 질색인데 악기 다루는 활동이면 눈빛이 달라지는 아이도 있다. 그렇다고 아이가 좋아하는 것만 시키자는 얘기는 아니다. 부모와 자녀 간에 소통을 하면서 조절하고 찾아야 한다는 말이다. 설령 아이가 밖에 나가는 게 싫고 집에서 만화책을 읽고 싶다고 해도 일단은 그 말에 귀를 기울이는 부모가 되자.

가장 위험한 부모는 자녀를 소유물처럼 생각하는 사람이다. 시간대별로 이런 저런 일정을 잡아놓고 자녀가 한곳에 집중할 수 없게 하는 부모가 있다. 아이들은 한두 가지 활동에 에너지를 집중적으로 쏟아 부을 기회가 필요한데, 너무 많은 활동들을 하다 보면 어느 것 하나에도 재미를 느끼지 못할 수 있다. 특히 경제적으로, 시간적으로 여유가 있는 사람들 중에 이런 위험한 부모가 많다. 그들 중에는 아이들을 바쁘게 만들어주는 것이 부모 역할이라고 믿는 부모도 있었다. 그런 환경에서 자라는 아이들보다 오히려 그냥 내버려 두는 집의 아이들이 더 창의적인 경우가 많다.

여행은 창의력을 샘솟게 한다

여행은 창의력 두뇌를 키울 수 있는 좋은 방법이다. 내 딸아이는 생후 4주 무렵부터 해외여행을 시작했다. 24개월부터는 시카고에서 뉴질랜드, 호주로 장시간 여행도 하였다. 학교에 들어간 뒤에도 최소한의 등교일수만 채우고 같이 여행을 다녔다. 학회가 있을 때마다 딸아이도 데리고 나갔다. 대학에 들어갈 때는 그리스의 섬들과 이태리로 크루즈 여행을 다녀왔다. 대학교 1학년 때는 친구들과 유럽 배낭여행을 떠났고, 멕시코와 터키 등 유적지를 돌아보기도 했다.

우스갯소리로 딸에게 이렇게 말한 적이 있다.

"난 너에게 이미 증여가 끝났단다."

여행을 다닌 시간과 비용으로 증여를 끝냈다는 말이었다. 또 여행이라는 한정된 시간과 공간 속에서 아이에게 해주고 싶은 이야기와 철학, 교육 등을 모두 전수했다는 뜻이기도 했다. 어느 날 갑자기 내가 죽는다 해도 아이는 독립적으로 살아갈 수 있을 만큼 잘 성장했다.

나는 아이가 창의적인 코스모폴리탄으로 자라게 하고 싶었다. 언젠가 태어날 손자 손녀에게도 그런 기회가 주어지기를 바란다.

딸아이가 대학교 1학년이었을 때 내게 전화를 해서 물었다.

"엄마, 나는 고향이 어디예요?"

"넌 고향이 없어. 하지만 우주 전체가 네 고향일 수도 있지."

"그럼 학기 초에 내 소개할 때 고향을 어디라고 해야 해요?"

"넌 미국에서 태어나긴 했지만 4주 만에 우리나라에 들어왔어. 할머니 할아버지랑 살다가 24개월 됐을 때 다시 미국으로 들어와서 엄마랑 아빠랑 4년을 살았지. 그리고 다시 서울로 왔고, 6개월을 서울에서 살다가 엄마랑 광주로 내려갔지. 초등학교 4학년이 되면서 서울로 다시 전학을 왔고, 고등학교 1학년 때 미국 보스턴으로 갔잖아. 지금은 카네기 멜론 대학에 다니고 있고. 그러니까 너는 고향이 어디라고 말하기가 참 어렵구나. 그냥 너는 '코스모폴리탄'이라고 소개하면 어떨까?"

'밀라노 디자인의 대부'라 불리는 알레산드로 멘디니^{Alessandro Mendini}는 이탈리아는 물론이고 세계 각국의 디자이너들로부터 존경과 사랑을 한 몸에 받고 있는 건축가다. 건축가이면서도 의자, 주전자, 심지어 병따개에 이르기까지 실생활 용품을 디자인하며 '쓰임을 위한 장식'을 주창해온 전방위 예술가다. 그는 자신의 끊임없이 샘솟는 상상력의 원천에 대해 이렇게 말했다.

"공부를 많이, 아주 많이 하는 편입니다. 창조적인 책들, 훌륭한 스토리가 있고 인류와 문화의 역사가 살아 숨 쉬는 책을 즐겨 읽지요. 잡지에 있는 패션 사진, 풍광 사진들을 감상하는 것도 일과 중 하나지요. 그중에서 여행은 더할 나위 없이 좋은 공부죠."

인생에서 가장 유익한 것을 꼽으라면 나는 여행을 일순위에 둘 것이다. 여행을 하는 목적은 사람마다 다르지만 여행을 통해 다양한 문화와 사회, 사람들을 접하면서 인생의 폭이 넓어지기 때문에 여행을 한다는 사람이 많다. 나역시 "창의성을 계발할 수 있는 가장 좋은 방법은 세계 곳곳을 돌아다니는 것"이라고 생각한다. 다양한 문화와 사회를 접하면서 개방성과 호기심, 민감성을 키울 수 있고 여행하면서 발생하는 많은 문제를 창의적으로 해결하는 능력까지 발휘해야 하기 때문이다.

로마제국이 번성할 수 있었던 것은 개방적인 사고 덕분이었다. 많은 사회를 접하고 개방적인 사고를 할 수 있다면 시야가 넓어지고, 창의적인 사고력도 가지게 된다. 경제적, 시간적으로 여유가 되는 부모라면 많이 보여주고 경험시켜서 안목을 키워주기를 바란다.

나는 어린 시절 쥘 베른^{Jules Verne}의 소설 《80일간의 세계일주》라는 책을 읽고 무척이나 감명받았다. 이 책은 내가 세상에 관심을 갖게 하는 계기가 되었고, 지금까지 50개국 이상을 여행하게 만든 동력이었다. 어쩌면 내 핏속에는 여행을 좋아하는 유전인자가 숨어있는지 모르겠다. 나를 쏙 빼닮은 딸아이도 여행을 좋아하기 때문이다.

당신의 자녀에게도 여행 DNA가 있는지 관찰해 보자. 여행을 좋아하지 않는 사람은 없을 것 같지만 모든 사람이 여행을 좋아하는 것은 아니다. 전 세계를 돌며 내 능력을 펼쳐보고 싶다는 아이도 있지만, 우리나라를 벗어나고 싶지 않다는 아이도 있다. 부모는 내 아이의 성향에 맞는 적절한 교육방법을 선택해야 한다. 거기에 정해져 있는 정답은 없다. 오롯이 부모가 고민해서 찾아내는 방법이 정답이 될 뿐이다.

억지를 부리거나 무리하면 아이의 영혼을 멍들게 하고 잠재능력을 꽃 피우기도 전에 시들게 할 수 있다. 아이를 키우는 일은 두 번, 세 번 시도할 수 있는 실험이 아님을 유념해야 한다.

여행을 좋아하지 않는 아이라면 책을 통해 상상여행을 하고 간접경험을 하게 하자. 그것만으로도 창의력이 뛰어난 작가나 화가가 된 사람이 있다. 아이의 특성과 기질에 따라 차별화된 '나만의 창의력 프로그램'을 만들도록 하자. 어떤 아이는 시끌벅적한 체험학습 프로그램보다 집 안에서 조용히 독서하는 것을 좋아한다. 책에 몰입하고 싶어하는 아이를 억지로 바깥으로 끌어낼 필요는 없다고 본다.

창의적인 생활습관 만들기

아이에게 원하는 체험학습 프로그램을 물어보자. 아이가 원하는 프로그램이 운영되는 곳을 함께 찾아보고, 체험해 보자. 또 여행하고 싶어하는 곳이 있는지, 그 이유에 대해서도 얘기를 나눠보자.

요리로 창의력을 자극하라

나는 딸을 '요리의 달인'이라 부른다. 어렸을 때부터 눈 감고 소스 맞추기, 직접 요리하기, 퓨전 요리 개발하기, 더 맛있게 만들기, 새로 만든 음식에 이름 붙이기 활동을 했는데, 이제는 나보다 더 요리를 잘한다.

예전에 나는 요리와 창의성에 관한 책을 두 권 썼다. 공부한답시고 요리한 번 제대로 하지 않았던 나는 뒤늦게서야 창의력을 키우는 최고의 방법이 '요리'라는 것을 알았다.

20년 전부터 4E 측면에서의 '생활 속의 창의성 운동'을 전개해 왔다. 그

것은 창의성이란 더 이상 소수 천재들만의 영역이 아닌 모든 사람들^{Everybody}이 갖고 있는 능력이고, 최근에는 전문적인 수준에서뿐만 아니라 매일매일^{Everyday}의 일상생활 속에서 창의성이 발휘되어야 한다는 것이었다. 이를 좀 더 확장하자면 아주 사소한 일에서부터 매우 전문적인 수준에 이르기까지의 모든 일^{Everything}에서, 그리고 가정과 직장, 휴식공간, 작업공간, 사이버공간 등의 다양한 장소^{Everywhere}에서 창의성이 발휘되어야 한다는 것이다.

오늘은 양념 하나를 빼볼까?

인류가 지구상에 존재한 이래 인간은 의식주의 생활에서 창의성을 추구해 왔다. 인간의 창의성은 입고 먹고 생활하는 데 근간을 두고 있기 때문에 생활 속에서의 창의성은 그 필요성을 더해 간다고 할 수 있다. 무언가 거창한 산출은 아니지만 생활 속에서 하찮게 보이는 부분까지 효율적이고 새로운 방법으로 만들어내는 것, 생활 속에서 틈틈이 발휘되는 반짝이는 아이디어, 이 모든 것들이 창의적인 활동임에 틀림없다.

우리 생활 속에서 보다 창의적인 아이디어가 필요한 분야는 어디일까? 조사에 의하면 대부분의 사람들은 음식 만들기에서 창의성이 필요하다고 생각하는 것으로 나타났다.

'오늘은 또 뭘 먹나?'

우리는 늘 끼니때마다 이런 고민을 한다. 하루 세 끼의 식사를 다른 재료를 이용하여 요리하는 것은 불가능하다. 그런데 같은 재료를 쓰더라도 어제와 다른 색다른 요리를 만들 수는 있다. 또, 같은 음식이라도 더 군침이 도는 음식으로 만들 수도 있고, 예술작품을 보는 것 같다는 찬사를 들을 수도 있다. 그러려면 평소의 요리법에 창의적인 방법이 더해져야 한다. 색다른 접시에 감각적으로 담는 것도 방법이 될 수 있고, 요리법에서 양념 한 가지, 야채 한 가지를 더하거나 덜 넣는 것도 방법이 될 수 있다.

요리 활동의 교육적 효과는 만점짜리

생활 속에서 창의성을 자극하는 요리 활동은 어린이집이나 유치원에서도 인기있는 활동으로 꼽힌다. 어떤 음식을 만들 것인지 계획하고, 요리 재료를 선택해서 준비하고, 요리법을 읽고, 새로운 어휘를 익히고, 실제로 요리를 하고, 만든 음식을 먹고 정리하기까지 아이들은 모든 활동에 직접 참여한다.

아이들은 요리의 재료를 만져보고 다루면서 각각의 모양과 맛, 냄새의 차이를 식별할 수 있게 되고, 자연스럽게 재료들이 가지고 있는 성질과 특징을 알게 된다. 또한 요리 활동을 통해 신체와 감각, 운동 발달이 이루어지고 더 맛있고 더 보기 좋은 요리를 만들기 위해 창의적인 두뇌활동을 하게 되어 지적인 발달도 이루어진다.

요리 활동에서 빼놓을 수 없는 교육적인 효과가 바로 창의력의 발달이다. 요리를 하는 동안 아이들은 창의적인 표현활동을 하게 되고, 그 속에서 부딪치는 여러 문제들을 해결하면서 창의적인 사고를 하게 되기 때문이다.

가령, 팝콘 튀기기를 생각해 보자. 어떤 창의적인 활동이 가능할까? 몇 가지만 꼽아보자.

① 팝콘이 되기 전의 옥수수 알과 팝콘의 차이점에 대해 이야기해본다.

② 팝콘이 튀겨질 때의 소리를 표현해본다.

③ 팝콘이 튀는 모습들을 몸으로 표현해본다.

④ 팝콘을 이용한 퓨전 음식을 만들어본다.

요리 활동은 요리 과정 전반에 걸쳐 요리법이라는 무형의 창의성과 요리라는 유형의 산출물이 창출됨으로써 성취감을 느끼게 한다.

요리 활동을 통해 아이에게 어떤 능력을 키워줄 수 있을까? 우선 요리 실습을 하게 되면 몸을 움직이게 되므로 신체 발달이 이루어진다. 좀 더 구체적으로는 소근육과 대근육의 발달이 이루어지고, 운동감각을 키울 수 있다. 그리고 더 맛있고, 더 보기 좋은 요리를 만들기 위해 많은 방법을 동원하면서 두뇌 발달이 이루어진다. 또, 수학 및 과학 개념(무게, 크기에 대한 개념 등), 언어 개념(휘젓다, 어슷썰다, 노릇노릇하다와 같은 다양한 형용사 등)들을 익히게 된다.

요리하는 '과정'을 즐기게 히라

요리의 결과물에 비중을 두게 되면 요리를 만드는 과정에서 발달되는 부분들이 간과되기 쉽다. 요리의 세계는 그 어떤 활동보다 창의력을 요구한다는 것을 알아야 한다.

아이와 요리활동을 하게 되면 자연스럽게 창의적인 사고가 이루어지도록 그 과정을 소개해야 한다. 그러려면 확산적인 질문과 종합적인 창의성(언어, 도형, 신체, 소리 등) 활동을 함께 적용해야 한다.

예를 들어 양송이볶음밥을 만든다면 다음과 같은 활동들을 해보자.

① 알고 있는 야채 종류를 말해 보도록 한다. ⋯› 유창성, 융통성

② 양파 껍질을 벗겨 모양을 관찰하고, 냄새를 맡아본다. ⋯› 민감성

③ 양송이버섯의 생김새를 관찰하고, 양파와 양송이의 차이를 비교해 본다.
  ⋯› 민감성

④ 피망 대신 사용할 수 있는 녹색 야채에는 어떤 것이 있는지 생각해 본다.
  ⋯› 유창성, 융통성

⑤ 야채를 원하는 모양으로 썰어본다. ⋯› 독창성

⑥ 야채는 어떤 순서로 넣어야 할까를 생각해 본다. ⋯› 융통성

⑦ 프라이팬에서 만난 야채들은 서로 무슨 이야기를 할까 상상해 본다.
  ⋯› 상상력

⑧ 볶아지고 있는 야채가 되어 움직임을 몸으로 표현해 본다. ⋯› 정교성

그리고 과자나 빈대떡을 만든다면 계량컵으로 양을 재고 물을 적당히 섞고 계란을 휘저어 보면서 양을 가늠할 수 있게 되고, 계란을 풀고 밀가루 반죽을 하면서 음식 만들기의 즐거움을 느끼게 된다. 왜 설탕은 세 스푼 넣어야 하는

지, 왜 고기를 먼저 볶고 나서 야채를 넣어야 하는지도 설명해주고, 음식의 유래가 있다면 그것도 재미있는 이야기로 들려주자. 이런 경험 속에서 아이는 음식 문화를 쉽게 이해하고, 보다 폭넓은 경험까지 쌓게 될 것이다.

창의적인 생활습관 만들기

집에 있는 다양한 소스들을 꺼내 보자. 고추장, 된장, 참기름, 식초, 겨자 소스를 준비하자. 그리고 마늘 다진 것, 생강 다진 것, 버터, 후춧가루, 고춧가루도 준비하자. 아이와 함께 이 10가지 재료를 섞어서 특별한 소스를 만들자. 그리고 아이에게 소스의 이름을 붙여보게 하자.

무한의 상상세계, 영화로 열어줘라

영상시대라는 말이 등장한 지는 꽤 오래되었다. 하지만 학교에서 영화를 보는 법을 배운 적도 없고, 부모가 자녀와 영화를 보면서 창의력을 키워주는 사람도 드물다. 창의력을 키워주고 싶다면 영화를 재밌게 보는 법을 가르쳐 주는 것도 한 방법이다. 어렸을 때 영화를 많이 봤던 아이와 그렇지 않았던 아이 사이에는 많은 차이가 생긴다. 먼저 세상을 이해하는 눈이 다르다. 부모 중 한 사람이 자녀에게 어렸을 때부터 영화 보는 재미를 일깨워주고, 영화라는 렌즈를 통해 자연스럽게 창의력을 키워줬다면 훗날 어떤 분야에서 일을 하게 되든 부모에게 고마움을 느끼게 될 것이다.

어려서부터 영화를 볼 때 감상하는 습관을 들여주자. 영화 보는 재미를 붙여주면 영화 보는 안목이 생겨나고, 감성은 물론 창의력 두뇌까지 만들어진다. 영화를 본 후에 창의적인 사고가 일어나도록 아이에게 질문을 해줄 수 있다면 더욱 좋다.

아이들은 '상상력의 보고' 자체라고 할 수 있다. 아인슈타인은 일찍이 상상력의 중요성을 간파하고 "상상력은 지식보다 중요하다"고 했다. 어린 시절만큼 상상하는 것을 좋아하는 시기도 없다. 아이들은 작은 박스 안에 들어가서도 우주비행사가 된다. '부웅' 하는 소리와 함께 아이는 금세 우주여행을 떠난다.

그런데 상상력의 가치를 모르는 부모들이 의외로 많다. 상상놀이에 빠진 아이의 머리를 쥐어박으며 "책 좀 읽어"라고 윽박지르는 부모도 있다. 이런 집 안에서 자란 아이가 《해리 포터》를 쓴 조앤 K. 롤링Joanne K. Rowling이나 아이폰을 세상에 내놓은 스티브 잡스로 자라기는 힘들 것이다.

글보다 영상이 이해하기 쉽다는 아이들

우리는 그 어느 때보다 창의적인 사고력과 문제해결능력을 요구하는 시대를 살고 있다. 교육을 통해서 창의력을 키울 수 있는 방법은 다양하다. 특히 급변하는 정보사회에서는 교육매체의 발전으로 시대에 적합한 창의력 교육방법이 필요하다.

요즘에는 정보를 전달하고 교환함에 인쇄매체보다 컴퓨터, 비디오, 영화와 같은 영상매체를 많이 사용한다. 특히 영상매체의 역할은 교육과 사회, 문화적인 측면에서 매우 중요하다. 교육현장에서도 영상매체를 활용한 교육이 활발하게 이루어지고 있다.

그중에서도 영화는 시각과 청각적인 자극으로 학습자의 주의집중력을 높이는 데 최고의 매체이다. 다양한 내용의 영화는 교과목에 접목시키기가 쉽다는 점 때문에 영상세대에게 더욱 적절하다.

이 시대의 아이들은 영상매체에 익숙한 세대여서 영화를 적용한 교육은 매우 효과적이다. 대학에서 학생들을 보면 글로 읽는 것보다 영상으로 보여주었을 때 이해도가 높다. 영화로 수업을 진행하면 즐거움이 앞서기 때문에 억지로 공부한다는 느낌이 들지 않고, 어려운 주제도 쉽게 받아들인다. 인쇄매체가 덜 중요하다는 말이 아니고, 영상세대에게는 인쇄매체에 병행하여 영상매체를 활용하는 게 더 효과적이라는 말이다.

그런데 기성세대는 영화를 보면서 공부도 할 수 있다는 것에 대해 영 마뜩찮게 생각한다. 아직도 공부라고 하면 책상에 앉아 책을 들여다보는 것이라고 생각하고, 영화나 비디오 같은 영상매체를 보는 것은 즐기고 노는 것으로 생각하는 사람들이 많다. 독서광 빌 게이츠Bill Gates를 예로 들면서 독서의 장점을 널리 홍보하지만, 영화광의 예를 들면서 그 장점을 널리 알리는 경우는 거의 없다. 그동안 영화의 가치를 다소 폄하해 왔던 것이 그 이유일 것이다.

영화의 매력에 빠져라

영화가 탄생한 지 100년이 넘었다. 영화는 문학, 미술, 음악, 연극과 같은 예술에 비하면 역사가 길지 않지만 현대 문화에서 가장 큰 역할을 하고 있다.

영화는 다른 예술보다 감독의 개인적인 취향이나 성향에 따라 창의성이 매우 돋보일 수 있는 큰 매력을 가지고 있다. 특히 다른 예술이 흉내 낼 수 없는 최고의 장점은 시간과 공간을 넘나들면서 자유자재로 상상의 나래를 펼칠 수 있는 시각적 재현이 가능하다는 점이다.

내가 영화로 창의력을 키울 수 있겠다고 생각한 것은 10년 전의 일이다. 그 전까지는 영화의 가치를 그리 크게 생각하지 않았다. 영화와 학습은 별개라는 편견이 있었고, 영화에 대한 식견도 별로 없었다.

그런데 건강 문제로 잠시 학교를 떠나 있게 되었다. 그 시절에 나는 무료할 때마다 영화관을 찾았다. 그러다가 창의력을 키울 수 있는 무한한 가능성을 발견했다.

영화의 장점은 창의력을 키울 수 있다는 점 외에도 몇 가지를 더 꼽을 수 있다.

첫째, 간접 경험을 통해 대리만족을 할 수 있다. 그 속에서 새로운 사고의 지평이 열리고, 현실에서는 불가능한 것들을 가상 세계에서 상상(과장 또는 의인화)을 통해 경험하게 된다.

둘째, 다문화를 이해하고 나아가 개방적인 사고를 하게 한다. 세계화가 되면서 다양한 생각을 받아들이고, 나와 전혀 다른 남을 이해하고, 새로운 가치관을 수용해야 하는 시대가 되었다. 지금껏 알고 있었던 것과 다른 지식, 신앙, 예술, 도덕, 법률, 관습 등과 같은 문화를 수용해야 하고, 다른 문화에 사는 사람들과 소통할 수 있어야 한다. 이런 소통의 장(場)을 간접적으로 제공하는 것이 바로 '영화'다. 영화 속에서 타인과 타 문화를 폭넓게 수용할 수 있는 개방적인 태도가 무르익을 수 있다.

셋째, 스트레스가 해소되고 치료의 효과를 주기도 한다. 스트레스를 풀고, 무료함을 달래고, 문화생활을 즐긴다는 장점도 있지만, 영화의 가장 큰 매력은 즐거움을 주고 웃음을 준다는 것이다. 웃음은 엔도르핀 분비를 촉진하고 몸에 충분한 산소를 공급해 준다. 결국 웃음은 신체적, 정신적인 건강을 유지시켜주고 치료까지 해주는 치료제인 셈이다.

영화는 외톨이와 같은 사회, 정서적인 문제를 해결하기도 하고, 꿈과 희망, 용기를 주기도 한다. 그 전까지 모르던 지식과 교양을 전수하기도 한다. 나아가 지나온 삶을 돌이켜보는 기회를 주기도 하고, 감동적인 영화는 감성을 발달시킨다.

따뜻하고 창의적인 유머를 발견하기도 한다. 영화 〈인생은 아름다워〉를 보면 어린 아들 조슈아가 공포의 현실을 잘 견뎌낼 수 있도록 아버지 귀도는 포로수용소의 감금생활을 게임으로 믿게 했다. 처형장으로 끌려가면서조차 아들을 위해 유머감각을 발휘했다.

아이의 창의력, 영화로 깨워라

영화로 교육을 할 때 몇 가지 고려해야 할 사항이 있다.

어린아이에서부터 노인에 이르기까지 모든 연령층에서 영화를 교육매체로 활용할 수 있지만, 특정 연령층이 봐서는 안 되는 폭력적인 영화도 있다. 따라서 자녀의 연령에 맞는 주제의 영화를 선택할 수 있는 안목이 필요하다.

나는 대학에서 '창의력, 영화, 그리고 여행'이라는 과목을 강의할 때 창의성을 강조하는 팀 버튼^{Tim Burton} 감독의 〈찰리와 초콜릿 공장〉을 선택했다. 어느 중간고사에서는 〈빨간 모자의 진실〉을, 학기말고사에서는 〈라따뚜이〉를 활용했고, 〈악마는 프라다를 입는다〉, 〈하우 투 루즈 프렌즈〉를 소재로 창의성의 정의와 필요성을 이해하는 문제를 제시했다.

아이를 위해 영화를 선택할 때는 호기심을 유발하고, 단순하지만 깊이 있게 사고할 수 있는 영화, 꿈과 희망을 주는 영화, 아이들이 겪는 문제를 해결하는 데 도움을 주는 영화, 상상력을 키워줄 수 있는 영화, 교훈이나 감동을 주는 영화, 가족애가 바탕이 된 영화, 색채의 아름다움을 느낄 수 있는 영화를 찾아야 한다. 예컨대 〈E.T.〉, 〈가위손〉, 〈강아지 똥〉, 〈꼬마 천재 테이트〉, 〈나 홀로 집에〉, 〈니모를 찾아서〉, 〈로렌조 오일〉, 〈로봇〉, 〈마다카스카〉, 〈말아톤〉, 〈미녀와 야수〉, 〈반지의 제왕〉, 〈배고픈 애벌레〉, 〈벅스〉, 〈빅 피쉬〉, 〈빨간 모자의 진실〉, 〈사운드 오브 뮤직〉, 〈사이먼 비치〉, 〈슈렉〉, 〈아이스에이지〉, 〈에이미〉, 〈오세암〉, 〈스카 할아버지〉, 〈인어공주〉, 〈죽은 시인의 사회〉, 〈쥬라기 공원〉, 〈집으로〉, 〈찰리와 초콜릿 공장〉, 〈카드로 만든

집〉, 〈크리스마스 악몽〉, 〈킹콩〉, 〈펭귄〉, 〈프린스 엔드 프린세스〉, 〈피터 팬〉, 〈하울의 움직이는 성〉, 〈해리 포터〉, 〈혹성 탈출〉 같은 영화는 아이들뿐 아니라 어른들에게도 좋다.

2007년 교과부 주최 인적자원 포럼에 참석했을 때, 발표자인 이창동 감독에게 대학생들에게 적절한 영화를 추천해 달라는 질문이 있었다. 이 감독은 "어떤 영화든지 다 교육적일 수 있습니다. 어떤 영화가 더 교육적이고 덜 교육적이라고 말하기는 어렵습니다"라고 대답했다.

아이와 함께 영화를 본다고 해서 창의력이 저절로 향상되는 것은 아니다. 다음과 같은 점을 고려해야 한다.

첫째, 영화를 보고 난 후에 발산적 질문을 해서 창의적인 사고를 할 수 있는 기회를 만든다. 창의적인 사고능력, 비판적인 사고능력, 문제해결능력, 언어능력 등과 같은 다양한 사고를 할 수 있는 질문을 만들어 아이에게 물어보자. 영화를 활용해서 창의력을 키워주는 관건은 질문에 있다. 부모는 영화를 집중해서 보고 아이의 사고능력을 신장시킬 수 있는 질문을 만들어야 한다.

질문을 구상할 때는 유창성과 융통성, 정교성, 독창성과 같은 창의성 하위 요인을 포함시켜야 한다. 때에 따라 브레인스토밍, 스캠퍼, 강제 결합법과 같은 창의성 기법을 적용하는 것도 좋다. 그 기법들을 활용할 수 있는 구체적인 방법은 뒤에서 자세하게 설명할 것이다.

이때 가능하면 토론을 진행하여 인식의 세계를 넓혀주자. 영화를 다 본 후에 충분한 시간을 가지고 깊이 있는 이야기를 나누자.

혼자서 영화를 보는 것에 그치지 않고 사람들과 대화의 장을 만들면 교육적 효과가 훨씬 더 커진다. 영화를 본 다음에 그 느낌을 말하는 과정에서 타인과 다른 세계를 이해하게 되기 때문이다.

둘째, 영화를 다 본 후에는 아이의 사고를 촉진하기 위해 다양한 사후활동을 하는 것이 좋다. 영화는 총체적 예술로, 음악과 회화, 무용, 연극, 건축 등이 총망라된 종합예술이다. 따라서 영화는 그 어떤 내용으로도 교육이 가능하고, 통합적으로 연결하여 여러 교과목을 넘나들 수도 있다.

서점에 나가 보면 영화와 관련지어 음악과 미술, 과학, 철학 등을 다룬 책들이 많이 나와 있다. 심지어 《영화를 알면 논술이 보인다》라는 책에서는 논술공부까지 통째로 끝낼 수 있다고 주장한다.

영화는 무한한 가능성을 지닌 잠재적 학습매체다. "엔터테인먼트 기능은 물론 국어, 음악, 미술, 과학, 논술, 창의력까지 모든 학습에 도움을 줄 수 있는 만병통치약의 역할을 할 수 있는 21세기 학습방법"이라고 할 수 있다. 무엇보다 영화는 창의적인 사고력과 문제해결능력, 비판능력을 키워주고 언어활동에도 도움을 준다. 영화 내용과 연관시켜 말하기, 읽기, 쓰기, 듣기와 같은 언어활동 교육이 가능하고, 영화의 내용을 상상하거나 줄거리를 새롭게 쓰는 등 상상활동을 해볼 수도 있다.

그동안 전공과목만 개설하다가 1998년에 창의력 수업을 개설하게 된 동기가 있었다. 교양과목에서 창의력 과목을 개설하려고 노력했는데, 그 당시 교양과정위원회에서는 너무 진보적이라 개설이 어렵다는 의견을 내놓았다.

얼마 지나서 사회적으로 창의력 교육이 강조되는 분위기가 일어났다. 그 후 일 년에 한 번 정도 개설할 수 있게 되었고, 지금은 매 학기마다 개설하고 있다. 강좌명은 '창의성, 영화, 그리고 여행'인데, 영화를 소재로 하면서 창의성 교육의 필요성, 창의성의 하위요인, 창의성 기법 등을 연계시켜 수업을 진행한다.

영화를 보고 나면 창의적으로 소통하라

교육부 직무연수의 일환인 〈창의성 사이버 강좌〉에서는 MICE^{Movie in Creative Education}라는 신조어를 만들어 영화를 통한 창의성 교육을 해오고 있다. 교수들을 대상으로 '영화를 통한 창의성 교육하기'를 강의하기도 했다.

영화는 어린아이부터 성인에 이르기까지 가장 효과적으로 창의력 교육을 할 수 있는 방법이다. 미래 세대에게는 더욱 효과적인 창의적인 교수-학습 방법이 될 것이다.

내가 '영화를 통한 창의력 교육'이라는 방법을 찾지 못했다면 어쩌면 이미 교육현장을 떠났을지도 모른다. 날이 갈수록 학생들과의 대화가 어려워지고, 똑같은 내용을 반복하는 수업을 꾸려서는 대학에서 생존하기 어려웠을 것이다. 그런데 다행히 영화에서 그 해답을 찾아내 매번 새롭고 재미있는 수업을 할 수 있게 되었다. 나로서는 여러 면에서 더없이 만족스럽다.

특히 아이들에게 3D 애니메이션 영화를 보여주면 상상력 발달에 도움이 된다. 가능하면 아이들에게는 3D 입체영화를 보여주도록 하자. 아이들은 영화의 또 다른 매력에 빠지게 될 것이다. 〈UP〉과 같은 픽사 애니메이션을 온 가족이 함께 본 후에 꼬마 러셀의 모험심과 용기에 대해 이야기를 나눠봐도 좋다. 창의적인 사람은 호기심이 많고 모험심이 뛰어나다. 아이들은 영화에 등장하는 꼬마 탐험가 러셀이 고집스러운 칼 할아버지와 창의적으로 소통하는 방법을 눈여겨보게 될 것이다. 영화 한 편 잘 선택해서 이끌어주면 의사소통과 대인관계 기술까지 가르칠 수 있는 것이다.

〈아이스 에이지 3 : 공룡시대〉와 같은 3D 애니메이션 역시 시리즈를 거듭할수록 더욱 업그레이드되고, 더욱 스펙터클한 모험을 선사한다. 빙하기 친구들이 얼음 위가 아니라 지하의 거대 공룡시대로 무대를 옮긴 모험에는 유머와 스릴 넘치는 어드벤처가 등장한다. 빙하시대를 발칵 뒤집어놓은 상상을 초월하는 코믹 패러디를 보며 유머감각도 키울 수 있을 것이다.

 ## 창의적인 생활습관 만들기

자녀와 함께 〈찰리와 초콜릿 공장〉, 〈라따뚜이〉, 〈UP〉 등 다양한 영화를 보고 이야기를 나눠보자. 가능하다면 다른 사람들이 쓴 영화평들도 인터넷에서 읽어보게 하자.

신문은 100점짜리 창의력 도구

신문 활용 교육이란 '신문을 가르치고 신문으로 가르치자'는 교육적 시도이다. 누구나, 언제, 어디서나 쉽게 구할 수 있는 신문을 통해 필요한 정보를 선택하여 학습에 유용한 보조교재와 교수방법으로 활용함으로써 신문과 친숙하게 하고, 열린 교육을 통해 21세기에 걸맞은 정보화 교육의 효과를 높이고자 하는 교육이다.

신문은 정보를 제공하는 수준을 넘어 조금만 더 활용하면 '창의성의 보고'라 할 수 있을 만큼 아주 좋은 학습자료가 된다.

신문을 활용하여 학습하면 창의력이 함양된다는 것은 영재교육에서 널리 알려진 사실이므로 적극적으로 권장할 만하다. 오래전부터 선진국에서는 유치원생부터 대학원생에 이르기까지 신문을 활용하여 현장감 있는 교육을 실시하고 있다. 도서관에 가면 최근에 일어난 사건사고를 찾아보기도 쉬워 신문은 과제물을 완성하는 데도 필수적인 자료이다. 신문이 어떠한 특성을 가지고 있고, 교육적으로 어떤 장점과 단점이 있는지 구체적으로 살펴보자.

신문은 시사성이 살아있는 학습자료

교과서가 생활에 도움이 될 만한 내용을 모두 포함하고 있는 것은 아니다. 그것을 보충할 수 있는 최고의 자료가 바로 신문이다. 신문을 통해 새로운 사실과 정보를 얻고 학습에 활용하면 실제적인 문제해결력 함양에 많은 도움이 된다. 언어뿐만 아니라 사회, 수와 관련된 다양한 내용을 접함으로써 교육내용과 관련된 실제적인 감각이 생기므로 살아있는 교육을 할 수 있다. 그리고 아이가 어떤 내용에 관심을 가지고 있는지를 쉽게 관찰할 수 있다.

유치원과 학교교육의 목적은 습득한 지식을 토대로 좀 더 창의적인 사고를 하여 개인적인 문제와 국가 사회적인 문제를 해결하는 데 있다. 현재의 교과서는 현실성과 시사성이 부족해서 이러한 학습목적에 도달하려면 신문을 활용하여 살아있는 정보의 보고로 활용해야 한다.

요즘 아이들은 영상매체에 길들여져 있어 인쇄물을 통한 사고력 훈련에는 매우 취약하다. 이 문제를 해결하는 데 신문을 적극적으로 활용해 보자.

신문에 실려있는 사진을 보여주고 문제해결능력을 키워줄 수 있는 질문을 해도 좋다. 예컨대 C랜드 화재 장면을 보여주고 "이러한 일이 다시 일어나지 않게 하려면 어떻게 해야 할까?"라는 질문을 해도 좋다. 또 르완다 어린이들의 생활상을 보여주는 사진을 제시하고 도와줄 수 있는 방법을 모색해 보는 것도 좋다.

"추석 때 부산까지 내려간다면 어떻게 가는 것이 가장 효과적일까? 귀성길 교통문제를 해결하려면 어떻게 해야 할까?"라는 질문도 좋다. 특히 교재교구가 부족한 아이들일수록 신문을 활용하면 훌륭한 교육을 할 수 있다.

다양한 직업세계를 보여줘라

신문은 진로교육에도 많은 도움이 된다. 정치면, 경제면, 사회면의 다양한 기사 내용은 자녀들이 알고 있는 직업 세계의 폭을 넓혀준다. 진로교육은 유치원부터 시작되어야 하는데, 자녀가 관심을 가지고 있는 직업 영역과 관련된 다양한 정보와 자료를 수집하기에 신문처럼 좋은 것이 없다.

야구선수나 수영선수의 활약상을 보고 운동선수라는 직업에 관심을 갖게 할 수도 있고, 다양한 운동경기를 하는 사진을 오려놓고 축구, 배구, 농구, 골프, 수영 등에 대해 설명할 수도 있다. 부모가 이런 다양한 운동경기를 소개할 때는 그림보다 실제로 선수가 운동하는 칼라 사진이 더 좋다.

신문을 읽다 보면 정치나 경제와 관련된 직업뿐만 아니라 다양하고 구체적인 직업들이 소개된다. 예컨대 패션디자이너, 조류학자, 영양사, 광고디자이너, 교사, 연기자, 자동차 칼럼니스트, 천문학자, 카피라이터 등에 대한 정보를 얻을 수 있어 자연스럽게 그 직업들에 관심을 갖게 된다. 기사와 관련지어 "이러한 직종에 있는 사람들은 주로 무슨 일을 할까?"라고 물어보는 것도 좋다.

잠자는 아이디어, 신문 광고로 깨워라

요즘 신문은 전면 광고가 부쩍 늘어 4대 일간지의 광고 점유율이 54.6퍼센트라고 한다. 이런 광고만 잘 활용해도 창의력 계발에 도움을 줄 수 있다.

신문은 독창적인 아이디어로 만든 다양한 광고가 실려 있다. 광고는 기업의 이미지를 담고 있을 뿐만 아니라 함축적인 표현을 통해 특정 상품이나 아이디어를 소개한다. 따라서 광고에 실린 그림이나 사진을 활용해 다양한 질문을 만들고 아이의 상상력을 키워줄 수 있다.

광고면을 펼쳐놓고 카피를 가리고 그림만 보여준 후에 어떤 내용의 광고인지를 상상하게 해보자. 아이에게 그 광고를 만드는 사람이 너라면 어떤 내용으로 바꾸고 싶은지 글로 쓰거나 이야기하게 해보자. 또 광고에서 소개하는 상품이 가장 편리하고 좋다는 것을 보여주기 위해 어떤 아이디어들을 동원했는지도 분석해보면 흥미로운 시간이 될 것이다.

실제로 미국의 대기업들은 그들의 문제를 영재들에게 소개하고 문제를 해결할 수 있는 참신한 아이디어를 얻어서 그대로 반영하기도 한다. 예컨대, 더 재미있는 장난감과 더 맛있는 과자, 정말로 입고 싶은 옷에 대한 아이디어들을 영재들이 생각하기도 한다. 쥐가 등장하는 영화를 만들 때는 어린이들에게 "어떤 쥐가 있으면 좋겠느냐"는 질문을 던져 어린이들이 원하는 쥐를 주인공으로 만들었다고 한다. 그 쥐의 인기는 미국 전역을 휩쓸었다.

또 "만약에 네가 만든 장난감을 신문에 광고로 낸다면 어떤 그림과 글을 넣고 싶니?"라고 질문해 보자. 그리고 직접 아이디어를 생각할 수 있는 시간과 기회를 주도록 하자. 자연스럽게 언어능력과 표현능력이 향상될 것이다.

수학적인 사고를 깨워라

숫자에 맞게 신문의 물건 오려 붙이기, 신문에 실리는 물건들 세어보기, 크기와 길이 비교하기, 같은 모양끼리 모으기, 크기와 길이 순으로 나열하기, 같은 색끼리 모으기 등의 분류와 비교, 짝짓기, 순서 짓기, 수 세기, 기본 도형 알기, 위아래 공간의 기초개념 알기 등의 활동을 해보자. 어린아이라면 전화번호나 가격 등을 보면서 숫자를 자연스럽게 익힐 수 있고, 광고지의 물건들을 세면서 단위를 깨우칠 수도 있다.

사실과 의견을 구별하게 하라

이것은 유아 단계에서는 조금 어려울 수 있다. 유아 단계에서는 신문의 기사를 읽어주고 자신의 느낌과 생각을 표현하게 하는 활동이 좋다. 가령, 환경오염으로 물고기가 떼죽음을 당한 사진을 보여주고 느낌을 말하게 하는 식이다. 다양한 기사를 보고 창의적인 해결방법을 찾아보기도 하고, 원인과 결과에 대해 생각해 볼 수도 있으며, 기사 내용을 이야기 주제로 이끌어내어 서로의 생각을 나눌 수도 있다.

새로운 단어를 찾게 하라

신문 기사를 읽으면서 새로운 단어를 찾다 보면 어휘력이 향상되고, 글 쓰는 데도 자신감이 생긴다. 두 개의 신문 헤드라인을 비교하며 더 적절한 것이 무엇이고 왜 그렇게 생각하는지 얘기하는 시간도 가져보면 좋다.

만화를 이용하여 상상력을 키워라

만화를 이용하여 상상력을 키우는 활동은 오래전부터 미국과 일본 등에서 실시했던 방법이다. 신문의 4단 만화 중의 한 부분의 대화를 삭제하고 상상하게 하거나 대화내용을 모두 지우고 전체 이야기를 꾸며 보는 활동도 재미있다. 만화의 3단 내용은 보여주고 마지막 결과 부분을 지우고 이야기를 만들어볼 수도 있다.

기사 제목을 붙여보게 하라

아이가 신문기자가 되어보게 하자. 신문 기사를 추측하여 쓰거나 간단한 기사를 읽어주고 기사 제목을 붙여보게 하자.

여행 광고로 세계여행 계획을 세워보게 하라

여행 광고나 관광지에 대한 내용을 가지고도 재미있는 활동을 할 수 있다. '우리나라에서 런던을 거쳐 파리까지 다녀오려면 며칠이 걸릴까', '비용은 얼마나 들까?'와 같은 질문을 해서 계획을 짜보는 것도 재미있다.

런던에 가서는 무엇을 볼 것인지를 알아보고, 지구본에서 자신이 가고자 하는 나라를 찾아보거나 여행 갈 나라의 수도는 어디인지, 국기 모양과 화폐 모양에 대해서도 조사하게 하자.

여행지에 갈 때 비행기를 탈지, 배를 탈지도 생각하고, 그 나라 안에서 움직일 때 기차를 탈지, 버스를 탈지와 같은 교통수단을 중심에 놓고 상상하는 시간을 가질 수도 있다.

원하는 내용으로 스크랩을 하게 하라

어떤 내용의 기사를 스크랩하고 싶은지를 물어보고 스크랩을 하도록 유도해 보자. 학습과 관련된 내용을 오리기도 하고 직업과 관련된 내용을 오리기도 하는 등 다양한 방면에 관심을 갖도록 도와주자. 아이들의 스크랩 활동은 신체운동 지각도 발달시킨다. 하워드 가드너Howard Gardner는 지능을 여덟 가지 영역으로 구분했는데, 그중의 하나가 신체운동 지각의 영역이다. 가위로 신문기사를 오리는 활동이 아이들의 두뇌 발달에도 도움을 준다는 것을 기억하자.

아이가 세우는 현장견학을 떠나라

신문 문화면에 소개되는 음악회나 전시회를 현장견학에 참고해도 좋다. 아이가 직접 계획을 세우게 해서 주말에 박물관이나 미술관 등을 방문하는 기회를 가져보자. 스스로 시간을 계획하고 관리하는 능력이 키워질 것이다.

가끔은 전문가들의 방법을 따라 하라

여러 신문자료들을 놓고 억지로 관계를 맺어보는 활동도 창의적인 사고력을 키워준다. 단어끼리 억지로 관계를 맺어보는 것도 좋고, 그림이나 사진 두 개를 선택하여 관계를 만들어보는 것도 좋다. 예를 들어 '세탁기'와 '토마토' 그림을 보여주고 두 가지를 억지로 연관시켜보거나, '희망'과 '감옥'이라는 글자 두 개를 앞에 놓고 연결을 시켜보는 것이다.

신문 내용을 가지고 떠오르는 생각을 자유롭게 이야기하는 연상활동을 해보는 것도 아이들은 재미있어 한다. 아이들과 쉽게 할 수 있는 브레인스토밍이다.

사진의 일부분을 그려서 채우게 하라

남대문과 같은 커다란 사진이 나왔을 때는 일정 부분만 보여주고 나머지 부분을 상상하여 말하게 해보자. 커다란 도화지에 일부분만 붙여주고 나머지 부분을 상상해서 그려보는 활동도 재미있어 한다.

신문을 활용할 때 몇 가지 주의사항

1. 아이들의 가능성을 충분히 믿어주고 인정해준다.

2. 모든 활동은 아이들 중심으로 이루어지게 한다.

3. 재미있는 활동이면서 유익한 활동으로 끝나게 한다.

4. 활기차고 자유로운 분위기를 만들어준다.

5. 아이들을 존중하되 적절하게 통제한다.

6. 가르치고자 하는 내용과 전혀 상관없는 데서 시작해 본다.

7. 도움말과 관련지식 등을 활용하여 아이들 활동에 추임새를 넣어준다.

8. 참신한 활동지를 고안하여 적절히 활용한다.

 ## 창의적인 생활습관 만들기

오늘 아침에 배달된 신문을 준비해 보자. 아이와 함께 신문을 읽어보고 가장 재미있는 광고 한 면을 오려서 이야기를 나눠보자. 광고를 만든 사람의 창의적인 생각을 들여다보는 시간도 가져보자.

creative

4장

창의력 두뇌 키우기, 방법만 알면 쉽다

"아이디어는

모든 위대한 업적의 출발점이다."

• 부루스 리Bruce Lee •

물건에 이름 붙이기 _브레인스토밍

당신이 다음의 상황에 처했다면 어떻게 대처하겠는가?

'골목에서 배드민턴을 치는데 공이 옆집 지붕 위로 올라갔다. 어떻게 하겠는가?'

'고속노로를 달리는데 자동차 바퀴에 펑크가 났다. 어떻게 하겠는가?'

'설거지를 하고 있는데 고무장갑에 구멍이 났다. 어떻게 하겠는가?'

'무더운 여름날 샤워를 하고 있는데 갑자기 수돗물이 나오지 않는다. 어떻게 하겠는가?'

일상생활에서 비일비재하게 일어나는 이런 문제들을 해결하기 위해서는 창의적인 발상이 필요하다. 창의적인 일을 하는 사람은 의도적이든 아니든 간에 자유로운 발상을 통해 아이디어를 찾으려고 시도한다. 그 과정에서 많은 아이디어를 축적할 수 있는 나름의 사고기법을 개발하게 된다. 여기서 말하는 사고기법이란 어떤 유형의 사고를 하기 위해 의도적, 계획적으로 사용하는 사고의 절차 또는 사고의 도구를 말한다. 다시 말해 아이디어 생성을 위한 사고기법은 창의성 기법을 의미한다. 창의성 기법이란 문제를 해결하거나 창의적인 태도를 갖기 위해 사용하는 일종의 '창의성 훈련도구'라고 할 수 있다.

창의적인 생각을 다양하게 산출해내는 발상은 창의적 사고의 기본이다. 따라서 그러한 발상을 얻기 위한 창의성 기법의 지도는 창의성 교육의 성패를 좌우한다고 볼 수 있다. 창의성 교육의 효과는 일정한 교육을 받은 아이가 실제로 창의적인 발상을 할 수 있을 때 비로소 나타난다. 따라서 부모가 다양한 기법들을 사용해 보고, 어떤 기법이 어떤 상황에서 가장 효과적이고, 당면한 문제에 가장 적절한 기법인지를 인식하는 것이 중요하다. 당신의 아이가 브레인스토밍이란 단어의 뜻을 제대로 알고 아이디어를 낼 줄만 알게 되어도 그렇지 못한 아이들과는 큰 차이가 나게 될 것이다.

여기서 나는 단순화시키고 약간 변형해서 자녀를 적절히 지도할 수 있는 가장 일반적이고 기본적인 창의성 기법을 몇 가지 소개하려고 한다. 그 첫 번째가 브레인스토밍이다.

브레인스토밍의 4가지 규칙

브레인스토밍은 BBDO 광고회사의 부사장으로 있던 알렉스 오스본^{Alex} ^{Faickney Osborn}이 개발했다. 처음에는 광고회사와 같이 아이디어를 양산해야 하는 곳에서 '조직적인 아이디어 창출기법'으로 사용하다가 그 이후 산업계와 교육계에서도 널리 사용하게 되었다.

브레인스토밍은 '두뇌'라는 뜻의 '브레인'과 '폭풍'이라는 뜻의 '스토밍'이 결합된 단어로 '두뇌 폭풍^{brainstorming}'을 의미한다. 이는 집단발상 방법으로, 빠른 시간에 많은 아이디어를 낸다는 것에 역점을 둔 아이디어 발상법이다. '두뇌 폭풍'이란 말뜻과 같이 특정한 문제나 주제에 대해 두뇌에서 마치 폭풍이 몰아치듯이 생각나는 아이디어를 모두 내놓는 기술이다.

브레인스토밍을 실시할 때는 기억해야 할 네 가지 규칙이 있다.

첫째, 어떤 아이디어가 나오더라도 비난하거나 평가해서는 안 된다. 아이디어를 저해하는 비판이나 평가 또는 판단을 마지막까지 피해야 한다는 말이다.

둘째, 아무리 우스꽝스러운 아이디어라도 수용해야 한다. 창의적인 사고는 자유로운 분위기에서 일어난다. 느낌이나 생각을 자유롭게 표현하게 하면 두뇌활동은 더욱 촉신되고 더 많은 양의 아이디어기 나오게 된다. 따라서 약간은 어리석어 보이거나 엉뚱하거나 이상한 아이디어도 수용해야 한다.

셋째, 아이디어는 많을수록 좋다. 질 높은 아이디어보다는 많은 양의 아이디어가 더 중요하다는 말인데, 많은 양의 아이디어 속에서 질 높은 아이디어가 나올 수 있다고 믿기 때문이다. 그러므로 어떤 평가도 내리지 말고 생각할 수 있는 아이디어는 모두 떠올려 보는 것이 중요하다.

넷째, 이미 나온 아이디어로부터 다른 아이디어를 이끌어낼 수 있도록 한다. 이 규칙은 남의 아이디어에 편승한다는 의미로 '히치하이크'나 '무임승차'라고 불리기도 한다. 타인의 아이디어에 착안하여 자신만의 아이디어를 생각해내거나 두 개 이상의 아이디어를 결합하여 제3의 아이디어를 내놓는 것을 의미한다.

이러한 네 가지 규칙을 설명할 때는 아이들이 쉽게 이해할 수 있도록 반드시 예를 들어서 구체적으로 설명해 주고, 한번에 한 가지 규칙을 익힐 수 있도록 지도하는 것이 바람직하다.

생각나는 대로 이름을 짓게 하라

부모와 자녀 둘이서 또는 셋이 모여 브레인스토밍을 해도 좋고, 자녀 혼자서, 때로는 부모 혼자서 개인 브레인스토밍을 해도 좋다. 어떤 주제나 문제를 놓고 떠오르는 대로 아이디어를 내놓다 보면 서로의 '두뇌력'도 알 수 있다.

브레인스토밍을 잘하는 소설가로 이외수를 꼽을 수 있는데, 그는 소설 속에서도 브레인스토밍을 한다. 그의 책《글쓰기의 공중부양》을 보면, 그가 어떻게 브레인스토밍을 하는지 알 수 있다. 가령, 그는 '머리' 하면 떠오르는 단어를 이렇게 많이 떠올렸다.

대가리, 대갈통, 대갈빡, 골, 뇌, 대뇌, 소뇌, 작은골, 큰골, 전두엽, 후두엽, 대뇌피질, 정수리, 백회, 가마, 가르마, 머리카락, 모발, 모근, 비듬, 머릿기름, 머릿니, 서캐, 기계충, 도장버짐, 대머리, 생머리, 고수머리, 귀밑머리, 쑥대머리, 떠꺼머리, 까까머리, 더벅머리, 단발머리, 레게머리, 디스코머리, 스포츠머리, 백발, 잔머리, 돌대가리, 닭대가리, 상투, 관자놀이, 뒤통수, 뒤꼭지, 꼭뒤(어느 부위인지 모르는 사람은 국어사전을 찾아보시라. 국어사전을 찾아보는 사람은 일단 공중부양에 싹수가 있는 사람이다), 이마, 마빡, 박치기, 헤드뱅, 도리도리, 꿀밤, 땜통, 혹

언젠가 한 유치원의 원장님이 내게 전화를 했다. 새로 개원을 하는데 창의성으로 무장된 유치원으로 만들고 싶다며 그에 걸맞은 반 이름을 다섯 개만 지어 달라고 부탁했다. 나는 꼬박 일주일을 고민해서 서른 개의 이름을 생각해냈고, 그중에서 다시 다섯 개를 골랐다. 그 이름은 아직도 그 유치원에서 사용하고 있다.

아이와 함께 강아지 이름 붙이기 활동을 해보는 것도 재미있다. 열 개 이상 이름을 떠올려보는 활동을 해보자. 삐삐, 메리, 소리, 밥, 꼬주, 허니, 샤방샤방, 동방신기, 바람, 순이…….

이처럼 브레인스토밍이란 어떤 것에 하나의 이름을 붙일 때도 다양한 아이디어를 떠올려보는 것이다. 브레인스토밍을 좀 더 알고 싶다면 〈카운피아

www.counpia.com 〉 사이버 강좌에 접속해서 창의성 기법 강의를 직접 듣는 것도 좋을 것 같다.

 ## 창의적인 생활습관 만들기

아이에게 '엄마' 하면 떠오르는 모든 것을 말해 보게 하자. 가능한 한 많은 아이디어를 내놓도록 하자. 생각지도 못한 재미있는 단어들이 꼬리에 꼬리를 물고 튀어나올 것이다. 브레인스토밍의 재미는 바로 여기에 있다.

물건의 색다른 용도 떠올리기 _색다른 용도법

'색다른 용도법'이란 원래의 용도 외에 다른 용도로 사용할 수 있는 방법을 찾아보는 것으로, 궁극적으로는 창의력을 신장시킬 수 있는 방법이다. 가령, 칫솔은 이 닦는 데 쓰는 물건이지만, 과일을 씻거나 붓으로 사용하는 등 다른 용도로 사용하는 방법을 떠올리는 것이다.

토란스가 개발한 창의성검사 도구지에는 '색다른 용도법'이라는 활동이 있다. 이것은 주변에서 흔히 볼 수 있는 물건들을 원래의 용도 외에 다른 용도로 사용하도록 아이디어를 유도하는 데 주안점을 둔다.

토란스의 창의성검사에서는 일곱 가지 종류의 활동을 통해서 창의성 측정을 하고 있는데, 그중의 한 가지가 '깡통을 기발한 방법으로 사용하기'와 '상자를 기발한 방법으로 사용하기'다. 전자는 B형검사 도구지이고 후자는 A형검사 도구지인데, 각각 채점방식이 다르다. 실제로 색다른 용도법에서는 빈 깡통이나 상자뿐만 아니라 신문지나 종이 한 장을 가지고도 훌륭한 활동을 할 수 있다. '신문지의 용도는 무엇인가?'라는 활동이 창의성검사의 한 활동으로 제시된 적도 있다.

신문을 색다른 용도로 사용한다면?

아이에게 신문의 원래 용도가 무엇인지 물어보자. 아이는 "새로운 소식을 알 수 있어요"라고 답할 것이다. 그렇다면 "원래의 목적인 새로운 소식을 전달하는 것 외에 또 다른 용도로 어떻게 사용할 수 있을까?"라고 물어보자.

아이가 답을 생각하는 동안 당신도 신문의 또 다른 용도법을 생각해 보자. 당신보다 아이의 아이디어 가짓수가 훨씬 더 많은 것에 놀라게 될 것이다. 그중에 몇 가지 예를 들면 다음과 같다.

"이사 갈 때 유리그릇을 포장해요."

"뜨거운 냄비 받침으로 써요."

"붓글씨를 연습할 때 사용해요."

"비가 올 때 써요."

"뜨거운 호떡을 싸서 먹어요."

"인형 치마를 만들어요."

"스크랩을 해요."

"가면을 만들어요."

"미술 재료로 써요."

"코를 풀 때 사용해요."

"벽지로 사용해요."

보통 사람들이 생각하지 않는 특이한 방법일수록 더 독창적이기 때문에 창의적이라 할 수 있다. 가령, "구겨서 공을 만들어 싫어하는 사람에게 던져요"라든가, "화가 날 때 신문을 찢어요"라거나 "심심할 때 처음부터 끝까지 읽어요. 만화도 보고, 날씨도 보고, TV프로그램도 보고……", "노숙자들이 이불로 사용해요" 등의 정서가 포함되어 있는 반응이 더 창의적인 아이디어라 할 수 있다.

손을 색다른 용도로 사용한다면?

이번엔 '손'의 색다른 용도법을 생각해 보자. 아이들이 아이디어를 듣고 있으면 정말 재미있다.

아이에게 1분 동안 민감하게 자신의 손을 관찰하고 탐색하게 한다. 창의성 캠프에서 나는 60명의 아이들과 함께 '손의 색다른 용도법' 활동을 해본 적이 있다.

  '손'으로

글씨를 쓸 수 있고,

책을 볼 때 페이지를 넘길 수 있고,

세수를 할 수 있고,

밥을 먹을 수 있고,

요리를 할 수 있고,

청소를 할 수 있다.

피아노를 치기도 하고,

컴퓨터 자판을 두드리기도 하고,

핸드폰 문자를 보내기도 하고,

편지를 쓰거나 이메일을 보내기도 한다.

그림을 그릴 수 있고,

화장을 할 수 있고,

헤어스타일을 예쁘게 꾸밀 수 있고,

무엇인가를 가리키기 위해 사용할 수 있고,

코를 팔 수 있고,

팔씨름을 할 수 있고,

등을 긁을 수 있다.

한 아이가 "손가락에 침을 묻혀 돈을 셀 때 사용한다"고 발표하여 모두 즐겁게 웃었다. 화가 나서 누군가와 싸울 때 삿대질을 하거나, 꿀밤을 줄 때, 누군가를 때릴 때, 저격수가 누군가를 해칠 때 손을 사용하기도 한다. 하지만 손이 그 진가를 발휘하는 것은 타인을 배려하고, 격려하고, 때론 누군가의 생명을 구할 때이다.

수화를 한다.

친구를 격려하기 위해 박수를 친다.

누군가 슬퍼할 때 등을 토닥여 준다.

화해하기 위해 악수한다.

포옹한다.

누군가 넘어질 때 손을 내밀어 도와준다.

친구를 위로할 때 사용한다.

친구가 토할 때 등을 두드려준다.

엄마 안마를 해드린다.

누군가에세 위로를 건네는 손, 누군가의 눈물을 닦아주는 손은 더욱 아름다울 것이다.

"창의성은 자신과 타인의 행복을 위해서 사용되어야 한다"는 말을 들은 아이가 제일 마지막에 발표했던 '손'의 색다른 용도법은 '누군가 죽어갈 때 심폐

소생술을 하는 손'이었다. 개인적으로 나는 60명 중에 가장 창의적인 발표를 한 아이라고 생각한다.

'외계인은 칫솔을 어떤 용도로 사용할까?'

색다른 용도법을 진행하는 방법은 아주 간단하다. 원래 그 물건이 어떤 목적으로 만들어졌는지 생각해 보게 하고, 그 목적 외에 다른 방법으로 사용할 수 있는 색다른 생각을 유도하기만 하면 된다.

첫째, 어떤 사물을 제시한다. 이때 자녀가 흥미를 갖도록 재미있는 상황을 설정해 주는 것이 좋다. 예를 들면 제2의 인물이나 인형을 등장시켜서 우리가 살지 않는 미지의 세계나 장소에서 이 물건들이 색다르게 사용된다면 어떤 용도일까를 생각해 보게 한다.

'외계인에게 신문을 준다면 어떤 용도로 사용할까?', '외계인은 칫솔을 어떤 용도로 사용할까?'와 같이 재미있는 상상이 이루어질 수 있는 질문을 준다면 아이의 두뇌는 훨씬 더 즐거워질 것이다.

> 문제 칫솔을 이 닦는 것 외에 다르게 사용할 수 있는 기발한 방법을 생각해 보자.
>
> 아이디어 구둣솔, 구두주걱, 머리빗, 옷 터는 솔, 악기 채, 망치, 효자손, 젓가락, 엄마 회초리, 장난감

둘째, 이 활동을 전개할 때는 무엇보다 생각을 자유롭게 이야기할 수 있는 분위기를 조성해 주고, 떠올린 생각들을 수용하고 격려해 주는 것이 중요하다. 또한 다른 사람들이 생각할 수 없는 특이한 생각을 할 수 있도록 격려해 주어야 한다. 가짓수가 많은 것도 좋지만 독특한 아이디어가 나오도록 유도하는 것이 더 중요하다.

처음에는 많은 가짓수를 떠올리려는 노력이 중요하지만, 시간이 지나면 독특한 아이디어를 내려는 노력이 필요하다. 그리고 환상적이고 현실성이 없는 아이디어는 기초적인 단계에서는 수용되지만 익숙해진 단계에서는 지양해야 할 사항이 된다.

실제로 토란스 검사에서는 '상자'로 사람이 사는 집을 만든다거나 경주용 차를 만든다는 아이디어는 유창성(아이디어의 가짓수) 점수로 계산되지 않는다. 그러나 동물이나 곤충들의 집을 만드는 것은 유창성 점수를 받을 수 있다. 그러므로 아이디어를 낼 때는 가짓수도 많고 여러 유형의 아이디어를 내는 것도 좋지만 너무 비현실적이거나 비합리적인 것은 피해야 한다.

셋째, 진행과정에서 나온 모든 아이디어를 살펴보고 그중에서 가장 독특한 것은 무엇인지, 누구의 아이디어가 가장 많은지 등에 대하여 살펴본다.

색다른 용도법을 처음 적용할 때는 일상생활에서 흔히 볼 수 있는 사물들을 이용하자. 아이들에게 친근감을 주고, 나름대로 재미있는 방법을 상상할 수 있는 장점이 있다. 익숙하고 간단한 것에서 시작해서 복잡하고 어려운 것으로 확장해가도록 계획하자. 색다른 용도법은 창의력뿐만 아니라 환경교육이나 과학적 활동, 경제교육 등에도 많은 도움을 줄 수 있다.

저비용을 들여 가장 효과적으로 창의력을 키워줄 수 있는 방법이 아마 색다른 용도법일 것이다. 가정에서 폐품을 활용하여 시도해 보는 것도 재미있다. 또, 길을 걸어가면서 색다른 용도법을 시도하면 자녀와의 외출이 즐거워질 것이다.

창의적인 생활습관 만들기

집 안을 둘러보며 색다른 용도법을 시도해 볼 수 있는 물건을 찾아보자. 때타올, 칫솔, 우유병, 종이컵 등 무엇이든 좋다. 하루에 한 가지씩 선택해서 자녀와 이야기를 나눠보자. 매일매일 아이디어의 가짓수가 늘어나는 것을 확인할 수 있을 것이다.

기발한 아이디어 내기 _스캠퍼

아이가 브레인스토밍을 잘한다면 이번에는 조금 더 고급 수준의 브레인스토밍인 '스캠퍼'에 도전해 보자. 어린아이들도 훈련을 받으면 광고회사나 네이밍회사의 직원보다 더 기발한 아이디어를 내놓을 수 있다.

스캠퍼SCAMPER는 특정 대상이나 문제에서 출발해 그것을 변형시키는 방법으로, 아이디어와 상상력을 동원하도록 도와주는 체크리스트이다. 이 기법은 용도를 개발하거나 품질을 개선하거나 실용성을 증진하는 등의 아이디어를 낼 때 유용하다.

상상력을 깨우는 7가지 질문

스캠퍼를 진행하기 위해서는 7개 약자에 대한 의미를 먼저 이해할 필요가 있다. 뭔가 거창해 보이지만 알고 보면 아주 간단하다. 그것들은 크게 하거나, 작게 하거나, 대신하거나, 제거하거나, 반대로 하거나, 수정해 보는 활동을 가리킨다.

S(대치하기, Substitute)

무엇으로 대치할 것인가?

C(결합하기, Combine)

무엇과 결합할 수 있는가?

A(순응하기, Adapt)

순응은 어떠한가?

M(수정하기, Modify)

수정은 어떠한가? 색, 모양 등은 어떻게 바꿀 수 있는가?

M(확대하기, Magnify)

확대는 어떠한가?

M(축소하기, Minify)

작게, 보다 가볍게, 짧게 만들 수 있는 방법은 있는가? 가볍게 하면, 속도를 늦추면, 분할하면, 횟수를 줄이면 어떠한가?

P(다른 용도로 사용하기, Put to other uses)

원래 용도 말고 또 다른 용도로 사용할 수는 없을까?

E(제거하기, Eliminate)

제거하는 것은 어떠한가?

R(재정리하기, Rearrange)

어떻게 재정리할 수 있는가? 어떻게 하면 형식, 순서, 구성을 바꿀 수 있는가?

R(반대로 하기 or 순서 바꾸기, Reverse)

반대로 하는 것은 어떠한가? 순서를 바꾸는 것은 어떠한가? 어떻게 하면 돌리거나 원래의 위치와 반대되는 곳에 놓을 수 있는가?

생활 속에서 스캠퍼의 예를 찾아보도록 하자. 마트에 가서 관찰해 보면 많은 물건들이 스캠퍼 활동을 통해 탄생한 것을 알 수 있다. 3분 라면, 미니 크래커, 미니 초콜릿 등이 그것인데, 스캠퍼의 작게 만들기^{Minify}로 만들어진 제품들이다.

옷도 한 번 살펴보자. 당신들이 갖고 있는 옷 중에 상표가 밖에 달려 있는 옷이 있을 것이다. 또 뒤집어서 디자인된 옷도 있을 것이다. 바로 이런 것이 재정리하기^{Rearrange}로 만들어진 것이다.

근처에 있는 제과점이나 슈퍼마켓, 문구점은 스캠퍼 활동을 하기에 최적의 장소이다. 집 안에서 TV나 컴퓨터만 들여다보지 말고 밖으로 나가 실제로 스캠퍼가 작용한 상품들을 찾아보자.

연필을 가지고 스캠퍼를 한번 해보자.

지금 당장 연필을 써야 하는데 연필이 없다고 하자. 이때 '연필을 대신해서 사용할 수 있는 게 뭐가 있을까?'와 같은 생각을 떠올리는 게 바로 '대체하기 Substitute'다.

'결합하기 Combine'는 '연필에 무엇을 더하면 좋을까?'를 떠올리는 것이다. 지우개를 붙일 수도 있고, 연필에 색깔심을 넣을 수도 있다. 이처럼 뭔가 한 가지를 더해 보는 것이다.

'순응하기 Adapt'는 '과거에는 무엇을 연필로 사용했을까?' 하고 연필과 유사한 것을 떠올려 보는 것이다.

우리가 알고 있는 연필은 가늘고 길게 우리 손에 딱 쥐어지게 생겼다. '확대하기 Magnify'는 만약 '이 연필이 엄청나게 커진다면 어떨까?'와 같은 생각을 해보는 것이다. 반대로 연필을 작게 줄여보는 것이 '축소하기 Minify'다.

'다른 용도로 사용하기 Put to other uses'는 '연필로 글 쓰는 용도 말고 또 다른 용도로 사용한다면 어떻게 사용할 수 있을까?'를 생각해 보는 것이다.

'제거하기 Eliminate'는 '연필을 구성하는 연필심과 지우개, 연필심을 둘러싸고 있는 나무, 이런 것들을 제거한다면 어떻게 될까?'를 생각해 보는 것이다.

'반대로 하기 Reverse'는 '연필을 어떻게 하면 원위치와 반대로 되게 할 수 있을까?'를 생각하는 것이다. 지우개가 앞으로 오고 연필심이 뒤로 갈 수도 있겠고, 연필심이 밖으로 나오고 나무가 속으로 들어갈 수도 있을 것이다.

물건에 숨어 있는 아이디어를 찾아라

이제 우산을 가지고 당신이 혼자 스캠퍼 활동을 해보자. 우산을 다른 것으로 대치할 수도 있고, 또 다른 것과 결합해 볼 수도 있고, 과거에 우산과 비슷한 게 뭐가 있었을까를 생각해 볼 수도 있다. 우산을 약간 확대해 보거나 아주 작게 축소해 보거나 변형해 볼 수도 있다. 우산을 또 다른 용도로 쓴다면 우산의 손잡이를 제거한다거나 비를 막아주는 윗부분을 제거하는 식으로 여러 아이디어를 내볼 수 있다.

스캠퍼 활동은 연필이나 우산 외에도 안경이나 시계, 가위, 신발, 부채, 가방 등을 가지고도 할 수 있다. 아마 스캠퍼 활동만 해도 3~4주일 정도의 시간이 걸릴 것이다. 자녀들과 함께 직접 재미있게 해보기를 바란다.

스캠퍼 목록을 아이에게 소개한 후에 바로 사물을 개선해 보는 활동으로 들어가는 것보다는 각 목록에 해당되는 내용을 주변에서 찾아보는 활동을 먼저 하는 것이 좋다. 이는 스캠퍼에 대한 충분한 이해를 돕고 스캠퍼 기법이 생활 속에서 어떻게 적용되고 있는지를 알아보는 기회가 될 것이다.

예를 들면 '축소하기'가 적용된 물건으로는 휴대전화, 이어폰, MP3 등이 있다. 또 시간을 단축하여 조리할 수 있는 3분 카레, 컵라면도 이에 해당한다. 스캠퍼 목록 중 '축소하기'와 '화대하기'를 적용한 영화도 있다. 〈아이가 줄었어요〉와 그 속편으로 개봉된 〈아이가 커졌어요〉가 대표적인 예이다.

스캠퍼의 각 목록을 제대로 이해했는지를 알아보기 위해 마트에 나가서 이러한 기법을 활용하여 만든 제품을 찾아보자. 안과 겉을 뒤집어 입을 수

있는 옷이나 팔 부분만 떼어내어 조끼로 입을 수 있는 옷, 끈으로 매던 기저
귀 커버를 매직테이프로 대치한 것이나 라이터와 재떨이가 결합된 것, 거꾸
로 세워진 마요네즈 병 등에서도 스캠퍼 목록을 확인할 수 있다.

창의적인 생활습관 만들기

동네 슈퍼마켓에 가서 '새우깡' 과자를 관찰해 보자. 원래의 모양, 맛, 사이즈의
새우깡이 어떻게 변신했는지 분석해 보자. 새우깡을 좀 더 맛있고 판매가 잘 되게
하려면 어떻게 하면 좋을지 스캠퍼를 적용해서 생각해 보자.

상관없는 것들로 새로운 것 만들기 _강제 결합법

강제 결합법Forced Relationships은 상관없는 것끼리 억지로 관계를 맺어서 어떤 사물이나 아이디어를 색다르게 생각해 보는 능력을 계발하도록 돕는 연합사고 활동이다. 문제를 창의적으로 해결하기 위해 전혀 관계가 없어 보이는 아이디어나 물건을 강제로 연관시키는 훈련방법이다. 강제 결합법은 브레인스토밍과 색다른 용도법을 잘 익힌 다음에 시작해야 한다. 그렇지 않으면 아이디어가 잘 나오지 않아 포기하기 십상이다.

지금까지 진행했던 브레인스토밍이나 색다른 용도법, 스캠퍼를 잘 익혔다면 강제 결합법도 무난하게 할 수 있다. 만약에 그 세 가지를 제대로 적용해 보지 않았다면 강제 결합법은 어느 정도 시간이 흐른 뒤에 시도하는 것이 좋다. 실제로 아이디어를 내기가 쉽지 않기 때문이다.

강제 결합법은 영어로 forced relationships, 말 그대로 아주 강제로, 억지로, 조금 무리수를 두어서 결합을 하는 기법이다. 유사한 것끼리는 결합이 잘 되지만 유사함이 거의 없는 경우에는 두 가지 또는 그 이상의 물건이나 생각을 조합하기가 녹록치 않다. 예컨대 향수를 만드는 조향사들이 새로운 향을 만들기 위해 서너 종류의 장미향을 새롭게 조합해서 특별한 향을 만들거나, 여기에 제비꽃 향을 넣어 장미와 제비꽃 향을 조합하는 것은 그다지 어려운 일이 아니다. 그런데 꽃과 과일의 향을 섞거나 꽃과 음식의 향을 어우러지게 하는 것은 조금 더 어려운 일이다.

이 세상에는 브레인스토밍을 비롯하여 300여 개가 넘는 사적, 공적인 문제를 해결하기 위한 다양한 창의성 훈련도구가 있지만, 개인적으로 나는 강제 결합법을 가장 선호한다. 그 이유는 강제로 결합하려는 과정에서 창의적인 상상력이 가장 크게 발동하기 때문이다.

억지 관계에서 상상력을 발동시켜라

〈쇼생크 탈출〉, 〈미저리〉, 〈그린 마일〉의 원작자인 스티븐 킹^{Stephen King}은 강제 결합법에 관심이 많았다. 자유롭게 연상을 할 수 있는 연상의 귀재였던 스티븐 킹은 이렇게 말했다.

"이 세상에 아이디어 창고나 소설의 보고는 없다. 소설의 아이디어는 그야말로 허공에서 느닷없이 나타나 소설가를 찾아오는 듯하다. 전에는 아무 상관없던 두 가지 일이 합쳐지면서 전혀 새로운 무엇인가를 만들어 내는 것이다."

강제 결합법의 기본 개념은 바로 억지로 관계를 맺어 보는 데 있고, 그 종류는 네 가지 정도가 있다. 목록표를 사용하는가, 카탈로그를 사용하는가, 어떤 집중된 관계를 보는가, 임의로 강제 결합을 하는가에 따라서 약간의 차이는 있지만 크게 어려울 것은 없다.

첫 번째로 목록표 작성법이 있다. 목록표 작성법은 문제를 제시하고, 그 제시된 문제와 관계없는 목록을 가지고 강제로 결합해 보는 것이다. 따라서 목록은 제시된 문제와 관계가 없는 것들을 제시하는 게 좋다. 아이디어가 나온 후에는 그것을 플러스(+)나 마이너스(−)로 평가해서 기록한다.

예를 하나 들어보자. 만약에 '아이의 편식을 줄이려면 어떻게 할 것인가?'라는 문제를 가지고 있는데, 그 목록에는 왕자, 고무줄, 화장지, 신문, 냄비가 있다. '왕자'라는 목록을 가지고 한다면 "편식을 하지 않을 때마다 아이의 기분이 좋아지도록 왕자라고 불러준다"처럼 아이디어를 내면 된다. 나머지도 마찬가지다. 고무줄을 가지고 편식을 줄이려면, 화장지를 가지고……, 신문을 가지고……. 이런 식으로 계속 연결을 하면 된다. 크게 어려울 건 없다.

① 일단 문제를 하나 만든다.

② 그 문제와 관련이 없는 다양한 목록들을 만든다.

③ 문제와 목록 중의 하나를 강제로 결합해서 아이디어를 낸다.

④ 활동이 끝나면 평가를 한다. 실현 가능하면 플러스(+), 그렇지 않으면
　마이너스(−)로 평가하면 된다.

그 다음으로 카탈로그 기법이 있다. 이 방법은 재미있게 할 수 있는 기법이다. 집에 신문이 배달될 때는 그 안에 다양한 카탈로그들이 따라온다. 그 카탈로그에 있는 그림들을 가지고 강제 결합을 해보자.

편식을 줄이려면 어떻게 할 것인가?

목록	연결 내용	평가
왕자	편식을 하지 않을 때마다 아이의 기분이 좋아지도록 "왕자"라고 불러준다.	+
고무줄	편식을 하지 않을 때마다 예쁜 색고무줄을 선물로 준다.	+
화장지	밥을 먹을 때 입 주변을 화장지로 깨끗이 닦아준다.	−
신문	신문에서 편식을 하여 영양실조에 걸린 기사 내용을 읽어준다.	+
냄비	편식을 하면 냄비로 시끄러운 소리를 내어 들려준다.	+

문제가 '새로운 친구를 사귀려면?'이고 카탈로그에는 곰 인형, 안경, 장갑, 크레파스, 우유병이 있다고 치자. '새로운 친구를 사귀려면?'을 카탈로그의 그림들과 직접 연결하면 된다. '새로운 친구를 사귀려면 곰 인형을 가지고……', '새로운 친구를 사귀려면 안경을 가지고……' 가 될 것이다. 연령대가 낮은 유아들이 특히 재미있어 하는 방법이다.

이런 카탈로그 기법은 진행도 어려울 게 없다. 문제를 먼저 진술하고, 문제해결책과 연결시켜 생각해볼 상황들을 무작위로 카탈로그에서 뽑아서 관계를 구성하면 된다. 그 다음에 평가를 해보고, 플러스가 나온 것들은 직접 실행에 옮겨봐도 좋을 것이다.

카탈로그	연결 내용	평가
	새로운 친구를 사귀려면 곰 인형을 가지고 놀자고 말을 건다.	+

세 번째의 '집중된 관계focused relationships'는 문제를 알려주고, 진술한 문제와 관련지을 사물을 선택하는 것이다. 그래서 선택한 사물과 문제를 연결시켜 좀 더 집중적으로 해결해 본다. 먼저 문제를 쓰고, 이 문제와 관련된 사물들을 임의로 아무거나 가져오는 것이 아니라 구체적으로 딱 그 문제를 해결해 줄 만한 사물을 선택하는 것이다. 그래서 선택된 물건들과 문제를 연결시켜서 해결해 본다. 나머지 방법은 유사하다.

아이와 함께하는 강제결합 게임

마지막으로 '임의의 강제 결합법arbitrary focused 또는 forced relationships'이 있는데, 말 그대로 임의로 강제 결합을 해보는 것이다.

나는 개인적으로 이 네 번째 방법을 가장 좋아한다. 먼저 어항 같은 큰 그릇이나 플라스틱, 바구니나 상자 등을 두 개 준비한다. 여기에 사물의 이름을 적은 쪽지를 넣거나 그림들을 오려서 넣는다. 이 중에 두 개를 임의로 뽑아 연결시켜 아이디어를 만든다. 문제를 꼭 해결할 필요는 없다. 앞의 것들은 문제를 해결하는 데 목적이 있지만, 이 방법은 임의로 강제 결합을 하는 데 목적이 있다. 아주 단순한 방법이다.

약간의 의사표현만 할 수 있으면 가능한 방법이기 때문에 세 살짜리 아이와도 해볼 수 있다.

예 큰 그릇이나 플라스틱 바구니 또는 상자에서 "사과"와 "태양"이라는 2개

의 카드를 뽑았을 때

① 사과와 태양의 공통점 찾아보기

② 사과와 태양 연결시키기

③ 사과와 태양을 결합하여 새로운 산출물 만들기

실제로 강제 결합법을 활용해 보면 강제로 결합하기가 쉬운 것들이 있고, 아주 어려운 것들이 있다. 예를 들면 연필과 종이, 책상과 의자처럼 쉬운 것들도 있지만 소화기와 키위주스처럼 어려운 것들도 있다.

강제 결합까지 무사히 잘 마쳤다면 당신은 창의성 기법의 기초를 마무리했다고 불 수 있다. 이것들만 제대로 훈련해도 아이의 창의력 두뇌 만들기에는 부족함이 없다.

창의적인 생활습관 만들기

'나'와 '백만장자'라는 두 단어를 연결시켜 강제 결합을 해보자. 하나의 문장으로 만들어도 좋고, 이야기책을 써도 좋다.

엄마의 작은 실천이 먼저다

이제 창의력이 왜 중요하고 어떻게 훈련시켜야 하는지에 대해 잘 알게 되었을 것이다. 문제는 '실천'해야 한다는 것이다. 사실 창의력이 중요하다는 것을 모르는 사람은 없다. 다만 실천하기가 어려웠을 뿐이다.

일상생활 속에서 하루에 한 가지씩만 창의적인 일을 해도 두뇌에 창의적인 회로가 만들어진다. 오늘부터는 아이의 외모만 예쁘게 꾸며줄 것이 아니라 아이의 두뇌를 창의적으로 만들어주자.

두뇌를 깨우는 음식 먹이기

창의력을 키우려면 먹는 것에서부터 신경 써야 한다. 세상은 다이어트로 몸살을 앓고 있지만 창의력 두뇌를 만들려면 아침부터 균형 잡힌 식단으로 식사를 해야 한다. 브레인스토밍을 하기 위해서는 두뇌가 많은 에너지를 필요로 하기 때문이다. 학교에 늦지 않기 위해, 학원에 가기 위해, 출근길을 서둘러야 해서 등 우리는 많은 이유로 아침을 거르고, 점심은 대충 때우며, 아무 때나 식사를 한다. 그런데 불규칙적인 식사는 두뇌 발달을 방해하고 창의력 발달에도 해를 끼친다.

어느 유치원 교사가 들려준 말이다.

"교수님, 창의성 수업하는 날에는 아이들이 아침부터 배고프다고 난리예요. 왜 그럴까요?"

"그렇다면 아마 선생님이 창의성 수업을 잘 이끌어서 아이들의 두뇌가 잘 작동했기 때문일 거예요."

"무슨 말씀이신지……."

"창의성 활동을 하면 두뇌가 활발하게 움직이기 때문에 두뇌 에너지가 많이 필요해요. 그래서 창의성 수업을 하는 날에는 질 좋은 간식을 준비하는 게 좋아요."

"어떤 간식이 좋을까요?"

"꿀이 들어간 디저트나 간단한 잣죽이나 전복죽이 좋아요."

"왜 그런 음식이 좋나요?"

“그런 음식에는 두뇌에 영양소를 공급하는 성분이 많거든요. 평소에 창의적인 아이디어를 내는 아이들을 잘 관찰해 보세요. 분명히 아침밥을 먹고 올 거예요. 밥을 거르고 오는 아이들은 두뇌에 영양분이 부족해서 창의적인 아이디어를 내기 어려울 거예요.”

“아, 그렇군요.”

“조선시대 왕세자 교육과 관련된 책을 보면 알 수 있어요. 그들은 아침에 꿀을 몇 숟가락씩 먹게 했다는군요. 다 이유가 있었던 거죠.”

나는 딸이 피곤해할 때 조선시대 왕세자 교육과 관련된 책들에서 본 몇 가지를 실천했다. 두뇌 발달이 왕성할 때는 어떤 음식을 먹어야 두뇌에 영양공급이 되는지 꼼꼼하게 읽고 그대로 실천했다. 예컨대 명란젓이 들어간 순두부찌개나 밤, 호두 같은 견과류가 들어간 스파게티 등을 준비해서 두뇌가 잘 작동될 수 있도록 도와주었다.

음식뿐만 아니라 스트레스를 풀어주기 위해 전신 마사지를 배워 직접 해주기도 했다. 땀을 흘리는 운동도 할 수 있도록 지원했다. 땀과 함께 노폐물이 배출되면 건강하게 생활할 수 있기 때문이다.

비만 관리해 주기

외모를 경쟁력의 하나로 생각하는 사회풍조 탓에 전교 1등을 하더라도, 외모에서 떨어지면 자신감도 떨어진다. 나는 중고등학교 시절에 방학도 없이 공부만 하다가 비만을 경험한 적이 있다. 아마 내 또래의 4, 50대는 그런 세상에서 살았을 것이다. 그러다 보니 건강도 별로 좋지 않았다.

요즘은 비만을 자기관리와도 연결시키는 추세다. 언젠가 고도비만인 사람이 고위관리가 되는 것을 반대하고 있다는 해외 기사를 읽고 창의적인 사람은 자신의 외모에도 신경을 써야겠구나 하는 생각을 한 적이 있다.

몇 년 전에 미국의 공중보건을 총책임지는 공중위생국장이 외견상 뚱뚱해서 그 직책을 맡을 자격이 있는지에 대해 네티즌과 의료전문가들 사이에 찬반논쟁이 벌어졌다. 공중위생국장은 국민 건강을 증진하기 위한 지침을 제시하고, 흡연과 비만, 운동에 대한 보고서를 내야 하는 자리다. 정상 체중보다 22~27킬로그램이 더 많이 나가는 사람이 공중위생국장이 된다면 오히려 역효과가 날 것이라고 네티즌들은 문제를 제기했다. 그리고 업무에 걸맞게 좋은 식습관과 꾸준한 운동을 권장할 수 있는 모범을 보여 신뢰감을 줄 수 있는 사람이어야 한다고 주장했다.

비만은 한편으로 건강을 위협하는 문제도 있지만, 무엇보다 삶에 대한 자신감을 잃게 하는 경우가 있어 주의를 기울여야 한다. 영화 〈미녀는 괴로워〉는 전신 성형과 지방 흡입으로 미녀가 된 뚱녀의 가수 성공기를 그리고 있다. 자신감을 갖기 위해서는 어느 정도 외모도 잘 관리해야 한다는 결론을 보여주는 영화였다.

스트레스 관리하기

현대인들은 세상에 태어나면서부터 스트레스를 받기 시작한다. 스트레스로 현대인들이 겪는 무수한 질병을 어찌 다 열거할 수 있을까? 원인을 모르는 병에는 모두 '스트레스성'이라는 말을 붙이고 본다는 이야기가 돌 정도다.

나는 교사들을 대상으로 1년짜리 창의력 프로그램을 강의할 때 반드시 맨 마지막 시간에는 '창의적인 스트레스 해소법'에 대해 이야기한다. 그래서 1년 간 쌓인 스트레스를 훌훌 털어버리고 더 훌륭한 창의적인 교사가 될 수 있도록 다양한 방법을 공유한다.

내가 가장 좋아하는 《스트레스를 벗어던져라 Undress Your Stress》라는 책을 중심으로 긴장을 풀 수 있는 30가지 흥미로운 방법을 소개한다. 그중에서 웃어보기, 명상하기, 목욕하기, 글쓰기, 노래 불러보기, 소리질러 보기, 큰 소리로 엉엉 울어보기, 운동하기, 요가하기, 춤추기, 큰 소리로 책 읽어보기, 누군가와 수다 떨기, 밖으로 나가보기, 여행하기, 푹 잠자기, 낮잠 자기 등은 유아들과 초등학생들이 스트레스를 풀 수 있는 적절한 방법이다. 아이와 이야기를 나눠보고 내 아이에게 가장 좋은 방법을 찾아보자.

브레인 피트니스도 필요하다

아이가 정신적, 신체적으로 건강하게 살도록 도와줄 수 있는 사람은 바로 부모다. 어렸을 때부터 부모는 자녀의 건강과 행복, 창의성을 고려하여 최상의 프로그램 코디네이터가 되어야 한다. 지나치게 공부만 할 것을 종용하다 보면 허리가 구부정하게 되어 척추측만증이 생길 수도 있고, 키가 잘 자라지 않을 수도 않고, 머리카락이 빠져 원형탈모증이 생길 수도 있다.

책상에 앉아있는 시간이 많아지면 몸이 무너지게 되어 있다. 몸을 곧게 해 줘야 기순환이 잘 되고 건강한 두뇌 활동이 이루어져 창의적인 아이디어를 낼 수 있다. 이제는 자신의 살아있는 '두뇌'를 직접 볼 수 있는 뇌 영상 기술이 발달되어 특정 활동이 두뇌에 미치는 영향을 눈으로 확인할 수 있다.

외모만 가꾸고 신체 피트니스만 할 것이 아니라 두뇌를 매력적으로 만들 수 있는 '브레인 피트니스'를 해야 한다. 인간의 창의적인 두뇌 기능을 위해 신체 피트니스와 두뇌 피트니스 두 가지를 병행해 보자. 창의적인 두뇌를 만들기 위해서는 신체와 두뇌가 마치 씨줄과 날줄처럼 조화롭게 엮어져야 한다.

두뇌가 지치면 호기심도 사라진다

어려서는 두뇌에 생기는 문제가 잘 보이지 않는다. 그런데 나이가 들어가면서 정서적인 문제가 발생하기도 한다. 특히 민감한 영재인 경우에는 심각한 정서적 문제가 생길 수 있다. 스트레스가 심하면 우울증이나 조울증이 생길 수 있고, 극단적으로 자살을 하는 경우도 있다.

부모로서 잘할 수 없으면 자녀가 하고 싶은 대로 내버려 두는 것이 더 나을 수 있다. 자식이 고통 받는 것을 원하는 부모는 없을 것이다. 다만, 부모가 잘 모르기 때문에 자녀를 고통스럽게 만드는 것뿐이다.

학원 순례를 하느라 지쳐 있는 아이의 얼굴을 들여다보자. 하루 종일 업무에 시달리다 쓰러져 잠든 남편의 모습과 무엇이 어떻게 다른지 잘 관찰해 보자. 그리고 그들의 공통점도 찾아보자. 어릴 때부터 두뇌가 지쳐버리면 나중

에는 학습에 대한 호기심이 생기지 않고 창의력도 숨쉴 수 없게 된다는 것을
명심하자.

창의적인 생활습관 만들기

자녀와 마주 앉아서 언제 스트레스를 받는지 이야기해 보자. 각자 스트레스를 푸는 방법에는 어떤 것이 있는지 공유해 보고, 서로 스트레스를 잘 풀 수 있도록 도와주자. 혹시 먹고 싶은 것이나 잠이 부족해서 스트레스를 받는 일은 없는지도 체크해 보자.

creative

5장

먼저 부모의 생활습관을 바꿔라

"살면서 저지를 수 있는 가장 큰 실수는

실수할까봐 끊임없이 걱정하는 것이다."

• 엘버트 허바드 Elbert Hubbard •

유머감각을 깨워라

유머감각이 있는 사람은 행복하고 대인관계도 좋다. 아울러 다른 사람에게 웃음을 선물한다. 요즘처럼 경제가 어렵고 신나는 일이 없을 때는 '유머'로 의사소통을 하는 것도 좋다.

몇 년 전 '남자는 결코 여자를 이길 수 없다'라는 〈동아일보〉의 칼럼에서 '나이별로 남자가 이혼당하는 이유가 있다'는 우스갯소리를 소개한 적이 있다.

"20대는 재미있게 안 해주면,

30대는 지금 집에 들어가니 밥해놓으라고 하면,

40대는 무슨 일이든 꼬치꼬치 캐물으면,

50대는 여자 나가는 데 따라나서면."

20대엔 재밌게 해주지 않으면 이혼당한다는 자조적인 우스갯소리는 우리 인생에서 유머가 그만큼 중요하다는 것을 의미한다.

"유행어를 모르면 아이들과 대화하기 어려워요"

나는 선생님들에게 개그 프로그램을 보라고 권한다. 유행어를 모르면 아이들과 대화가 어렵기 때문이다. 조사해 보면 중학교 교사들이 개그 프로그램을 가장 많이 보는데, 그 이유를 물었더니 이렇게 대답했다.

"질풍노도의 중학생들을 다루려면 필살기로 '개그 콘서트'를 보지 않을 수 없어요."

어느 유치원 교사는 이렇게 말했다.

"동화책을 읽어주는데 한 아이가 '즐' 그러더라구요. 그래서 수업을 하다 말고 멍해졌어요. 저는 그때까지 '즐'이 무슨 말인지 몰랐거든요."

선생님과 마찬가지로 아이와 대화하려면 부모도 유머를 알아야 한다.

창의력 교육은 유머에서 시작한다고 해도 과언이 아니다. 하루에 유머 하나씩만 만들어도 창의력은 저절로 자란다.

창의적인 가정일수록 유머가 풍부하다

유머가 창의력 두뇌를 만드는 데 왜 중요할까? 우리는 보통 틀에 박힌 사고에서 벗어날 때, 남과는 다른 시각으로 사물을 볼 때 웃음이 터진다. 유머는 마음의 긴장을 풀어주고 두뇌가 활발히 움직이도록 돕는다. 특히 우뇌의 발달을 촉진하는데, 우뇌는 창의력과 관련이 깊다. 따라서 우뇌가 잘 발달하면 창의력도 그만큼 커지게 된다.

'유머가 창의력에 미치는 영향'에 대해 알아보는 실험이 있었다. 어느 학자가 한 학기 동안 A반에게는 유머를 계속 들려주고, B반에게는 전혀 들려주지 않았다. 그 후 과제물을 수행할 때 보니 A반이 훨씬 더 창의적인 결과물을 내놓았다. 이처럼 유머는 창의력과 불가분의 관계를 가지고 있다.

대체로 영재성과 창의력을 지닌 사람들은 공통적으로 유머감각이 뛰어나다는 특징이 있다. 아이의 창의력을 계발하고 싶다면 어릴 때부터 꾸준히 유머감각을 키워주어야 한다. 그러려면 엄마 아빠가 먼저 유머감각이 있어야 한다. 아이가 엉뚱한 행동을 보였을 때 '쟤는 도대체 왜 저러지'라고 고개를 절레절레 흔들 것이 아니라 맞장구를 치면서 그 상황을 같이 즐겨줘야 한다.

실제로 애머빌이란 학자는 '창의적인 가정일수록 유머가 풍부하다'는 연구 결과를 발표했다. 창의적인 가정을 만들기 위해서는 가정의 주체인 엄마 아빠가 유머러스해져야 함은 두말할 나위가 없다.

당신은 오늘 하루 몇 번이나 웃었는가? 아침에 일어나서 지금까지 단 한 번도 웃지 않았다면 당신은 부모로서 웃음에 인색한 사람이다. 요즘 같이 복

잡한 세상에서 웃을 일이 있느냐고 말하는 사람도 있겠지만 어려운 때일수록 많이 웃어야 힘이 나는 법이다. 옛부터 내려오는 속담에도 '웃으면 복이 온다', '일소일소 일로일로(一笑一少 一怒一老, 한 번 웃으면 한 번 더 젊어지고, 한 번 화내면 한 번 더 늙는다)'라는 말이 있다. 그만큼 웃음이 몸과 마음을 건강하게 만든다는 뜻으로, 웃음과 건강의 관계는 이미 현대 과학으로도 입증되었다.

주위의 가족이나 친구들을 살펴보면 항상 유쾌한 유머로 남들에게 즐거움을 주는 사람이 있는 반면에, 늘 인상을 쓰고 웃음에 인색한 사람이 있다. 당신은 어느 유형의 사람이 되고 싶은가?

유머 노트로 유머감각을 키워라

나는 늘 강의에 들어가기 전에 우스갯소리를 한두 가지씩 준비한다. 그것은 강의에 대한 긴장감을 풀어주고 수업에 활력을 불어넣기 위해서다. 수업을 시작하기에 앞서 2, 3분 정도 할애해서 유머를 들려주면 3시간짜리 수업도 끝날 때까지 산만해지는 학생이 거의 없다. 중간에 한 번 정도 더 우스운 이야기를 곁들이면 그날 수업은 아주 만족스럽게 끝난다. 그 속에서 나의 유머감각도 날로 커가는 것 같다.

내게 특별한 유머감각이 있어서 유머를 즐기고 구사하게 된 것은 아니다. 모두 노력한 덕분이다. 나는 재밌는 얘깃거리나 아이디어를 메모할 수 있는 '아이디어 노트'를 마련해서 적극적으로 활용하고 있다. 스스로 유머감각이 떨어진다고 생각하는 사람들은 내 방법을 활용해서 아이들에게 적용해 보기 바란다. 생각보다 큰 효과를 거두게 될 것이다.

잠시 내 유머 노트에 적혀 있는 몇 가지 이야기를 소개한다.

누가 더 심한 거야?

"네 이놈들! 요즘 교과서 안 가져오는 놈들이 너무 많아! 오늘 전부 다 교과서 가져왔나 검사하겠어! ……1번부터 앞으로 나와! 1번 누구야! 어……? 출석부 안 가져왔다……!"

싸움에 대한 교수들의 생각

의류학과 : 옷 찢어질라.

통계학과 : 일주일에 한 번씩 싸우네.

경영학과 : 싸우면 너희들만 손해다.

아동학과 : 아이들이 보고 배울라.

건축학과 : 도대체 기초가 안 됐어.

교수들의 강의

30대 : 모르는 것도 아는 척하면서 가르친다.

40대 : 아는 것만 가르친다.

50대 : 학생들이 이해할 만한 것만 가르친다.

60대 : 기억나는 것만 가르친다.

70대 : 입에서 나오는 대로 횡설수설한다.

선생님의 수업

20대 : 어려운 것만 가르친다.

30대 : 중요한 것만 가르친다.

40대 : 이론(원칙)만 가르친다.

50대 : 아는 것만 가르친다.

싫어하는 사람

학원 강사 : 하나를 가르치면 열을 아는 학생

의사 : 앓느니 죽겠다는 사람

치과의사 : 이가 없으면 잇몸으로 먹겠다는 사람

한의사 : 밥이 보약이라는 사람

할머니와 자리 양보

할머니가 대덕 연구단지에서 시내버스를 탔다.

마침 고등학생이 자리를 양보했다.

할머니 : 총각은 어느 학교 다니나?

고등학생 : ㅇㅇ고등학교 다녀요.

할머니 : 그래 총기 있게 생겼다. 공부 열심히 해서 좋은 대학 가거라.

(옆자리 앉은 젊은이를 보며) 자네는 어느 학교 다니나?

젊은이 : 한국과학기술원 다녀요.

할머니 : 그래 공부 못하면 일찌감치 기술이라도 배워야지.

추장보다 높은 사람

추장보다 높은 사람 : 고추장

고추장보다 높은 사람 : 초고추장

초고추장보다 높은 사람 : 태양초 고추장

오늘날 유머는 아주 중요한 덕목으로 부각되고 있다. 심지어 젊은 세대들의 배우자 조건에도 유머감각이 들어간다. 친구들 간에도 그렇지만 직장 내에서도 유머러스한 사람은 늘 환영받고 인기가 있다. 웃음은 원만한 사회생활을 도와주고, 창의적인 삶의 원동력이 된다.

이제부터 틈만 나면 웃고, 아이들을 웃겨보자. 아무리 생각해도 웃을 일이 없다면 옛날에 경험했던 재미있는 일이나 텔레비전에 등장했던 개그맨의 우스꽝스러운 몸짓을 떠올리며 웃어보자.

좀 더 나아가서 이제는 남들이 만들어낸 유머에 웃지만 말고 자녀와 함께 유머를 만들어 보자. 유머는 개그맨이나 개그 작가들만 지어낼 수 있는 어려운 것이 아니다. 노력하고 훈련하면 누구나 다 '유머러스한 사람'이 될 수 있다. 특히 창의력 두뇌를 키우고 싶은 사람은 굳어진 머리가 말랑말랑해지도록 일 년 정도 유머를 연구해 보자.

다음에 제시하는 몇 가지 항목은 엄마 아빠뿐만 아니라 자녀들의 유머감각도 키워줄 수 있는 방법이다. 생활 속에서 꾸준히 실천해 보자.

유머 넘치는 집 안 만들기

1. 엄마 아빠가 먼저 자녀에게 웃음을 선사할 수 있는 방법을 연구해 보자. '유머 노트'를 장만해 적극적으로 활용해 보는 것도 좋다.

2. 서로서로에게 익살스런 별명을 붙여보자. 단, 남의 약점을 건드려 불쾌하게 만드는 별명은 삼가도록 한다.

3. 가족 중 누군가로 인해 유쾌한 상황이 벌어졌다면 그 사람이 했던 동작이나 말을 기억해 두었다가 다음번에 비슷한 상황에서 의도적으로 재현해 보자. 옛날 기억이 떠올라 모두들 폭소를 터뜨릴 것이다.

4. 하루에 한 번씩은 꼭 재미있는 유머로 가족들을 웃겨 보자. 그리고 일주일 중 하루를 '유머의 날'로 정해 놓고 그날은 일주일 동안 나왔던 유머 중에서 가장 재미있었던 것을 뽑아 보자.

5. 유머 아이디어가 없으면 최신 유머 책이나 인터넷을 통해 기발한 유머를 접해 보자. 외워두었다가 가족에게 들려주거나 그걸 응용해서 더 재미있는 유머를 만들어 내면 훨씬 좋다.

6. 다른 사람에게 자신을 소개할 때 코믹하게 알릴 수 있는 방법을 궁리해 보

자. 그러면 더 기억에 남는 사람이 될 것이다. 자신의 이름으로 삼행시를 지어 보거나 그림을 그려 보는 건 어떨까?

7. 각 지역의 사투리를 몇 마디 외워 말해보는 것도 방법이다. 내 유머 노트에는 사투리와 관련된 이런 이야기가 적혀 있다.

경상도 출신의 초등학교 선생님이 서울로 발령을 받았다.

첫 수업이 시작되어 '연못 속의 작은 생물들'이란 단원을 가르치게 되었다. 생물들의 그림을 보여주며 선생님은 다음과 같이 말했다.

"연못 속에 작은 생물들이 억수로 많제~~, 그쟈?(억수로 많지, 그렇지?)"

아이들이 의아한 표정으로 선생님을 바라보며, "선생님! 억수로가 무슨 말이에요?" 하고 물으니, 선생님은 "그것도 모르나? 째따는 뜻 아이가?(아니냐?)"라고 대답했다.

아이들이 또 눈을 깜빡거리며 "선생님~~! 째따는 무슨 뜻인데요?"라고 묻자, 선생님은 약간 화가 났다.

"그것은 수두룩 빽빽하다는 뜻이야. 다시 말해서 항~거석(한가득) 있다는 말이다."

그래도 이해를 못한 아이들은 선생님께 다시 물었다

"선생님, 수두룩 빽빽과 항~거석은 또 무슨 말인데요?"

그렇게 설명을 자세하게 해주었는데도 아이들이 이해를 못하자 화가 머리

끝까지 오른 선생님은 다음과 같이 외쳤다.

"이 바보들아! 연못 속에 작은 생물들이 천지 빼까리다는 말 아이가!"

8. 개그 프로그램을 보면서 유머를 연구해 보자. 개그맨들의 동작이나 표정,
   대사 또는 사람들이 웃게 되는 상황을 잘 살피면 남을 웃기는 방법을 알게
   된다.

9. 주변 친구들 중에서 누가 우스갯소리를 잘하는지 손꼽아 보고, 사람들이
   그 사람을 왜 좋아하는지 생각해 보자.

10. 유머감각이 있으려면 사물이나 사람을 다른 사람과는 다른 시각으로 볼
   수 있어야 한다.

저녁에 웃찾사를 보면서 낄낄거리고 12시 30분에 잤다. 요즘 이 프로그램 보는 재미에 산다.

어떤 코너가 뜰 것인지 남편과 나는 내기를 하면서 점수를 매겨본다.

"저 코너 오늘 생겼는데 괜찮을 것 같지 않아?"

"그런데 유행어가 없네."

"나몰라 패밀리는 전체적으로는 재밌는데 딱히 유행어가 없어."

내가 가장 좋아하는 개그인은 정주리인데 "따라와"라면서 타고난 개그인의 표정과 제스처, 목소리로 사람들을 즐겁게 만드는 재능이 있다.

요즘이 중간고사 기간인데 교정에는 재미있는 문구들이 많이 붙어있다.

"A⁺ 따라와."

"A⁺ 조사하면 다 나와."

"A⁺ 좋아 쪼아 쪼아 쪼아."

개그콘서트와 웃찾사에서 인기를 끄는 유행어다.

남편과 이런 이야기를 하면서 낄낄거리는 재미는 정말 최고다. 몇 년 전까지만 해도 이런 개그를 보는 사람들을 유치한 사람들이라고 생각했다. 책이나 볼 것이지 하면서 혀를 끌끌 차기도 했다.

그런데 언젠가부터 학생들은 20대 초반인데 나는 50을 향해 달리고 있어 불안해졌다. 또 학생들이 발표하면서 가끔 우스갯소리를 하는데 혼자 벙찔는 표정을 지을 때가 있었다. 그때부터 나는 수업 첫 부분이나 중간 부분에서 "따라와", "움직이는 벤처기업 봉선이예요"라고 제스처를 지어보기도 한다.

난 원래 유머감각이 젬병이라 여간 어색한 것이 아니지만 그런대로 익숙해지고 있고, 학생들 역시 한번 웃고 나면 수업 분위기가 정말 좋아진다. 물론 학습의 효율성도 배가 된다.

요즘은 유아 교사들을 대상으로 '생활 속의 행복한 창의성'에 대해 강의를 하는데 꼭 이런 질문을 던진다.

"웃찾사나 개그콘서트에서 가장 재밌는 코너가 뭐예요?"

사람들은 "고음불가요"라고 한다.

그러면 난 "자, 여기 계신 분 중에 고음불가가 뭔지 모르시는 분 손들어 보세요"라고 한다. 몇몇 사람들이 손을 든다.

난 우스갯소리로 "이 분들은 유치원 친구들하고 대화가 잘 안 되실 거예요. 반성하셔야 돼요. 자, 오늘부터 유머감각을 키워보세요. 그러면 친구들이 선생님을 좋아하고 창의성 수업도 잘 될 거예요"라고 말한다.

아이들이 "엄마 나 유치원 가기 싫어. 다른 유치원 가고 싶어"라고 할 때 담임선생님이 유머감각을 키우면 아이의 마음이 달라질 것이라는 말도 덧붙인다. _ 전경원의 블로그 중에서(http://blog.naver.com/jeonkw333)

창의적인 생활습관 만들기

우리 집만의 전설적인 유머를 수집해 보자. 오직, 우리 가족만이 이해할 수 있는 유머가 많은 집일수록 행복한 집이다. 자녀와 함께 유머 책을 만들어 보자. 그 속에서 가족 간의 결속력도 강해질 것이다.

경청하는 습관을 들여라

창의력 두뇌를 만들기 위해서는 창의력을 키우는 생활습관을 쌓아야 하는데, 가끔 이런 창의력 훈련이 어렵겠다는 판단이 서는 사람들을 만난다. 창의력을 계발시킬 수 있는 브레인스토밍 기법에서 가장 중요한 전제조건은 '잘 들을 수 있어야 한다'는 것이다.

타인의 말에 귀를 기울인다는 것은 여유가 있고, 남을 배려할 줄 알고, 집중할 수 있다는 것을 의미한다. 나아가 다른 사람의 다양한 생각을 들을 수 있고, 그 생각을 뛰어넘어 자신만의 더 훌륭하고 새로운 생각을 만들어낼 수 있는 전제조건이기도 하다. 이렇듯 경청을 해야만 창의적인 의사소통을 할 수 있는데, 우리나라 사람들은 남의 말을 잘 듣지 않는 경향이 있다. 그것은 사람들과의 관계에서 협상능력을 떨어뜨리는 원인이 된다.

국제협상 테이블에서 목소리만 크게 낸다면 매너 없는 사람으로 비쳐지게 되고, 글로벌 감각이 떨어진다는 말을 듣게 될 것이다. 아무것도 얻어내지 못하는 것은 말할 것도 없다. 우선 상대방의 말을 잘 듣고 상호적인 관계에서 회의가 진행되어야 우리나라에 도움이 되는 방향으로 협상을 이끌 수 있는데, 잘 듣지 않아서 협상이 결렬되거나 상대방에게 유리한 협상이 되는 경우가 종종 있다. 잘 듣지 않고 자기 생각만 내세우게 되면 의사소통도 원활하지 못하고, 만족할 만한 합의를 도출하기도 어렵다. 결국에는 큰 소리로 화를 내게 되고, 변명만 늘어놓게 될 것이다.

우리나라 사람들은 왜 듣는 데 인색한 것일까? 원래 여유가 있어야 상대의 이야기를 잘 들어줄 수 있는 법이다. 그런데 우리나라는 역사적으로 외침을 자주 당해서 자신을 보호하고 항변하는 일이 잦다 보니 들어주는 것보다 자기 말하는 데 급급해진 것은 아닐까? 이젠 우리도 타인의 말에 귀 기울일 수 있는 여유를 가질 때가 되었다.

소통의 첫 발은 잘 듣는 것

창의적인 사람은 언어는 물론이고 비언어적인 내용과 행간의 의미까지 파악하는 민감성이 있다. 오늘부터 듣기 연습을 해보자. 자연과 사람의 소리를 경청만 해도 창의력은 저절로 자란다. 타인의 말에 귀 기울이는 게 어렵다면 먼저 밖으로 나가서 자연의 소리를 들어보자. 새 소리, 파도 소리, 빗소리, 바람 소리, 자동차 소리, 장사하는 사람들의 소리, 아이들이 어울려 노는 소리를 들어보자.

청각을 민감하게 훈련해야 창의력의 첫 번째 단계인 브레인스토밍을 할 수 있다는 사실을 명심하자. 이청득심(以聽得心)이란 말이 있다. 듣는 것만으로도 사람의 마음을 얻을 수 있다는 말이다. 자녀들의 말에 귀 기울일 줄만 알아도 자녀의 창의력과 행복감은 쑥쑥 자란다. 그 역할은 부모보다 조부모가 더 도움을 줄 수 있다고 생각한다.

영화 〈찰리와 초콜릿 공장〉에서 외조부모와 친조부모 네 명이 침대에서 찰리를 기다리는 첫 장면이 특히 기억에 남는다. 학교에서 돌아온 찰리의 이야기에 귀 기울이는 조부모들은 무척 행복해 보였다. 그런 상호작용이 없는 네 명의 아이들은 TV에 지나치게 빠지거나 부모의 과잉보호로 인해 성격에 문제가 생기거나 껌에 집착하는 등의 문제가 있었다. 아이들의 이야기에 귀 기울이는 것이 얼마나 중요한지를 보여주는 영화이다.

앤드류 카네기^{Andrew Carnegie}는 사람들에게 비웃음을 사고 무시당하고 외면까지 당할 수 있는 세 가지 방법을 소개했다. 첫째는 상대방의 이야기를 절대 끝까지 안 듣는 것이고, 둘째는 자기 말만 계속하고, 셋째는 상대방 이야기를 듣다가 자신이 할 이야기가 생기면 바로 끊고 자기 말을 하는 것이다.

'누구도 누구의 말을 듣지 않고' 우리 모두가 귀를 꽉 틀어막고 자기 말만 옳다고 막무가내로 우긴다면 어떻게 될까? 우리 사회가 소통이 부족하고 이해와 협상이 어려운 곳이라면 창의력은 기대할 수 없다. 이제부터라도 "잘 들어야 한다"는 말을 곱씹어 생각해 보고, 우리의 귀와 마음을 활짝 열어 타인의 목소리를 듣고 세상의 소리를 귀담아 듣도록 하자.

창의적인 생활습관 만들기

텔레비전을 끄고 눈을 감은 뒤에 귀에 들리는 소리에 집중해 보자. 어떤 소리가 들리는가? 평소에 전혀 들리지 않았던 비행기 소리가 들릴 수도 있고, 옆집의 웃음소리가 들릴 수도 있다. 아이들과 함께 편안한 마음으로 그것들을 즐겨보는 시간을 갖자.

시간관리를 가르쳐라

로마의 시인 퀸투스 호라티우스^{Quintus Horatius}는 "지금 이 순간에도 시간은 흐른다. 오늘을 꼭 잡아라. 내일을 믿지 마라"고 말했다.

창의력 두뇌를 키우기 위해서는 시간과 노력을 투자해야 한다. 시간을 어떻게 쓰느냐가 중요한데, 시간을 마치 자신의 종처럼 마음대로 부릴 수 있는 사람이 있는가 하면, 스스로 시간의 노예처럼 사는 사람이 있다. 어떤 사람이 더 창의적인 사람인지는 말할 필요가 없을 것이다.

시간은 흘러가는 시간과 의미 있는 시간으로 나눌 수 있다. 흘러가는 시간을 헬라어로 '크로노스chronos'라 하고, 의미 있는 시간을 '카이로스kairos'라 한다. 크로노스는 누구에게나 주어지는 일반적이고 객관적인 시간, 즉 물리적인 시간을 의미하고, 카이로스는 특별하고 의미 있는 주관적인 시간을 가리킨다.

보통 사람들은 자신에게 주어진 24시간을 '크로노스'의 흐름에 맡기지만, 창의적인 사람은 주어진 시간을 잘 활용해서 자신뿐만 아니라 많은 사람들에게 유익한 '카이로스'로 재창조한다. 크로노스를 잘 활용하여 특별한 시간인 카이로스로 만들어내는 것이다.

보통 사람들에게도 주어지는 크로노스의 1초는 별 의미가 없지만 100미터 육상선수로 세계신기록을 경신한 우샤인 볼트에게는 카이로스가 된다. 그에게 있어 0.001초는 세계기록을 깨느냐 못 깨느냐는 아주 의미 있는 시간이기 때문이다.

제 아무리 창의적인 사람이라도 시간을 제대로 관리하지 못하면 위대한 업적을 이뤄낼 수 없다. 창의적인 사람은 보통 사람과는 다른 창의적인 시간 관리법이 있다. 《아웃라이어》의 저자 말콤 글래드웰Malcolm Gladwell은 성공하기 위해 "하루에 3시간씩, 10년(1만 시간)을 투자한다면 당신도 아웃라이어가 될 수 있다"고 주장한다.

창의적인 두뇌를 가진 사람들은 자신의 시간을 마치 보물처럼 관리한다. 지혜로운 어머니의 대표격인 신사임당의 시간관리법을 잠시 소개한다. 신사임당은 타고난 체력은 약했지만 규칙적이고 절제된 생활을 유지함으로써 자신의 신념대로 하고 싶은 일과 원하는 일에 전념할 수 있었다. 사임당이 혼인을 하여 아내와 어머니, 며느리의 역할을 충실히 하면서 자아실현을 할 수 있었던 것은 바로 '시간관리' 덕분이었다.

그녀는 1분 1초도 낭비하지 않고 자기관리에 최선을 다했다. 자신의 재능 계발은 물론이고 자신에게 주어진 숙명적인 역할에 한 점 소홀함이 없어야 했기 때문이다. 그녀는 하루 일정표에 따라 일곱 자녀의 독서지도와 정신수양을 관리했고, 자신의 영재성 계발에도 시간을 할애했다.

아이의 시간을 도둑질하는 부모가 되지 마라

일본의 대표작가인 무라카미 하루키(村上春樹)의 《1Q84》의 선인세로 최소 13억 원 이상이 지급됐을 것이라는 신문기사를 읽고, 하루키가 자신의 시간을 어떻게 관리하는지 궁금증이 생겼다. 전업작가인 하루키는 하루 세 갑 이상 피우던 담배도 끊고, 밤 9시에 잠자리에 들고 어김없이 새벽 4~5시에 일어나 매일 10킬로미터씩을 뛴다고 한다. 그리고 매년 마라톤대회에도 참가하는 등 자기관리에 철저하다고 알려져 있다.

2009년에 세상을 떠난 팝의 황제 마이클 잭슨Michael Jackson은 죽기 얼마 전까지도 팔굽혀 펴기를 하루에 300회씩 하며 자기관리를 했다. 이렇게 창의적인 사람들은 자신의 시간을 다이아몬드처럼 소중하게 여기며, 인생의 주인공이 되어 하루하루를 축젯날처럼 살아간다.

당신은 시간을 어떻게 관리하고 있는가? 시간의 주인으로 살고 있는가, 노예로 살고 있는가? 창의적으로 시간관리를 하는 사람만이 자유롭고 행복하게 살 수 있다는 점을 기억하자.

창의적인 두뇌를 만들어주고 싶은 부모라면 아이들이 자신만의 시간 리듬에 맞춰서 창의력을 발휘하도록 도와야 한다. 아이를 부모의 시간 틀에 묶어서는 안 된다.

부모들을 만나보면 성숙한 부모도 있지만 미성숙한 부모도 많다. 나이가 들었다고 모두 성숙한 부모는 아니다. 부모 나름대로 자식 잘되라고 온갖 정성을 기울이지만 그 시간과 비용을 제대로 사용하고 있는지 반성해 봐야 한다. 부모인 당신이 자식의 귀한 시간을 도둑질하고 있을 수도 있다.

창의력 교육의 중요성을 아는 부모는 그렇게 많지 않다. 설령 창의력 교육이 중요하다는 것을 알고 있더라도 그 방법을 잘 아는 부모는 얼마 되지 않는다. 요즘 부모들은 마치 멈추지 않는 러닝머신을 달리고 있는 것 같다. 그 러닝머신의 속도는 날이 갈수록 더 빨라지고 있다. 오로지 아이의 성적과 성공에만 매달려, 기회를 만들어 외국 유학을 보내려 하고, 아이의 성적을 위해서라면 물불을 가리지 않는다.

학원교육에 목매달며 막대한 돈과 시간을 쏟아붓고, 부모 자신의 인생이 오로지 자녀를 위해 존재하는 것처럼 하루하루를 산다. 그렇다고 자녀의 성적과 성공이 보장되지는 않는다. 한 달 수강료가 백만 원이 넘는 영어학원에 보낸다고 해서 나중에 사회적으로 성공하는 것은 아니다. 많은 부모들이 자신의 인생을 팽개쳐두고 자식의 스케줄에 따라 집에서 학원으로, 학원에서 또 다른 학원으로 옮겨다니며 스스로 헌신하고 있다고 생각한다. 그런데 아이도 과연 같은 생각을 하고 있을까?

시간처럼 귀한 자원은 없다. 그 시간을 우리는 잘못 사용하고 있다. 부모는 자신의 귀한 시간을 다 내주면서 희생하고 있다고 생각하지만, 아이 입장에서는 부모가 자신의 시간을 빼앗아 가고 있다고 느낄 수 있다.

누구에게나 하루 24시간은 공평하게 주어진다. 그런데 하루 24시간을 25시간처럼 쓰는 사람이 있는가 하면, 20시간처럼 쓰는 사람이 있다. 이렇듯 하루 24시간이 모두에게 다 같은 시간은 아니다. 각자에게 주어진 물리적인 시간을 창의적인 절대시간으로 전환할 줄 아는 사람만이 진정으로 행복을 누릴 수 있다. 만일 누군가로부터 한 시간을 선물로 받을 수 있다면 당신은 그 시간을 어떻게 활용하고 싶은가? 어떤 사람은 한 시간 동안 낮잠을 잘 수도 있고, 어떤 사람은 평소와 마찬가지로 그냥 시간을 흘려보낼 수도 있다. 그러나 어떤 사람은 그 한 시간을 초롱초롱하게 깨어있는 상태로 단편소설 일부를 집필할 수도 있고, 창의적인 발명품을 구상할 수도 있다. 물리적으로 한 시간은 누구에게나 똑같은 시간이지만 그 시간을 어떻게 사용하느냐에 따라 그 질은 엄청난 차이가 난다.

만일 누군가 당신에게 일정한 양의 돈과 시간을 준다면 자녀에게 어떤 교육을 제공하고 싶은가? 우리에게 주어진 시간과 에너지가 유한하다는 것을 알게 된다면 그래도 지금과 똑같은 방식으로 교육을 할 것인가? 좀 더 멀리 내다볼 수 있는 지혜로운 부모가 되도록 노력해 보자.

잘 자는 사람이 창의적이다

'잠'에 대해 한번 생각해 보자. 부모들은 흔히 잠자는 시간을 줄여서 공부하면 성적이 올라갈 것이라고 생각한다. 그래서 한동안 3시간 자면 대학에 붙고, 4시간 자면 떨어진다는 말이 유행한 적도 있다. 창의력 두뇌를 만들기 위해서는 자고 싶을 때는 자도록 해야 한다. 어렸을 때는 특히 더 잘 자야 한다. 유치원이나 어린이집에서의 낮잠 자는 시간에 대해 부모들이 달갑지 않게 생각한다는 말을 들은 적이 있다. 하지만 낮잠은 아이의 발달과정에 꼭 필요하다.

어려서 두뇌를 지나치게 학대하면 두뇌는 제대로 성장하지 못하고 시들게 된다. 무라카미 하루키의 소설을 보면 거인이 너무 많은 일을 하고 죽는 내용이 있다. 산악인 고미영이 그렇게 도전하려고 했었던 낭가파르바트는 산악인들에게 '비극의 산'으로 불린다. 낭가파르바트를 정복했던 독일인 헤르만 불도 희생을 치렀다. 그는 하산 도중에 식량이 떨어져 물도 한 모금 못 마시고 영하 20도의 추위와 싸웠고, 산소결핍증으로 환각에 시달리며 사투를 벌였다. 겨우 생환했지만 스물아홉 살 청년이 여든 살 노인의 얼굴로 변했다고 한다. 발달과정을 무시한 채 너무 무리하게 몸을 혹사하면 조로현상이 오고, 병을 얻거나 죽을 수도 있다는 것을 명심하자.

나는 딸에게 "빨리 일어나라"는 말을 거의 하지 않는다. 아이가 학교에 다니던 시절에도 "지각이야. 빨리 일어나"라고 하지 않았다. 학교에 지각한다고 인생이 크게 달라질 것은 없다고 생각했다. 비행기 시간이나 면접시험과 같이 아주 중요한 일이 아니면 내가 깨우는 일은 거의 없었고, 딸아이 스스로 일어나도록 했다.

잠을 줄이면 수명이 단축된다는 것은 내가 가지고 있는 철학이기도 하다. 그래서 난 강의시간에도 조는 학생이 있으면 "5분만 자고 일어나세요"라고 한다. 잠을 계속 줄이면 건강도 해치고 창의적인 사고도 할 수 없다. 잠을 잘 자야 두뇌활동이 활발해져 창의적인 아이디어를 낼 수 있다.

 ## 창의적인 생활습관 만들기

오늘 하루 동안 무엇을 했고 무엇을 생각하며 보냈는지 기록해 보자. 그리고 창의적인 생각을 하는 데 보낸 시간과 그렇지 않았던 시간을 비교해 보자.

오감을 열어주는 습관을 만들어라

나와 딸아이는 창의력을 키우기 위해 가보지 않은 곳에 가보고, 먹어보지 않은 것을 먹어보고, 만나보지 못했던 사람을 만나보고, 생각하지 못했던 것을 생각해 보고, 들어보지 못했던 것을 들어보고, 만져보지 못했던 것을 만져보고, 느껴보지 못했던 것을 느껴보면서 함께 아이디어를 수집해 책을 썼다(《오감과 지성으로 창의성 키우기》, 전경원). 그렇게 오감을 활짝 열어 창의적인 생활습관을 실천하면 우리의 창의력은 삶 속에서 새록새록 커나간다.

행복의 가치는 저마다 다르지만, 행복하고 싶어하는 마음은 같다. 미국의 심리학자인 데이비드 G. 마이어스David G. Myes는 행복한 사람들은 낙관적인 성격, 외향적인 성격, 자존심이 강한 성격의 소유자라고 말했다. 그리고 물질적 풍요가 행복의 척도가 아니라고 밝혔다. 그러면 우리는 어떻게 살아야 행복감을 느낄 수 있을까?

행복감을 느끼기 위해서는 우리의 두뇌가 행복이라는 정서를 감지해야 한다. 두뇌가 이러한 정서를 감지하기 위해서는 그 전에 한 번도 해보지 않았던 일들을 찾아서 매일매일 일상생활에서 실천해야 한다.

당신은 언제 가장 행복한가? 잠을 푹 잘 수 있을 때? 선생님한테 칭찬받을 때? 맛있는 음식을 먹을 때? 여름휴가가 시작됐을 때? 집에 엄마가 있을 때? 백화점에서 옷을 살 때? 우리는 저마다 행복할 때가 다르다. 어떤 사람은 집 안 도배를 새로 했을 때, 그림을 그릴 때, 방의 가구 위치를 바꿨을 때, 그림을 완성했을 때, 여행을 떠날 때, 음식을 만들 때 행복감을 느낄 것이고, 어떤 사람은 책을 읽을 때, 아로마 요법을 실시할 때, 붉게 물드는 저녁노을을 바라볼 때라고 대답할 것이다. 이런 행복감들은 저절로 찾아오는 것이 아니다. 때로는 다리품을 팔고, 시간을 할애하고, 어느 정도의 노력이 필요하다.

작은 실천이 삶을 바꾼다

진정으로 행복해지고 싶다면 지금부터 소개하는 신나는 활동들을 해보자. 하나씩 매일매일 실천해 보자. 아무리 많은 아이디어를 알고 있더라도 직접 실천하지 않으면 아무 소용이 없다. 눈으로만 읽지 말고 이 중에 자신에게 알맞은 내용을 실천해 보자. 아이디어는 재미있지만 당신 자신의 삶에 적용하기는 어렵다고 생각하는가? 첫술에 배부를 수 없으니, 오늘부터 한두 가지씩만 실천에 옮겨보자. 삶이 달라지는 것을 몸소 실감하게 될 것이다.

그중에서 '시각'과 관련된 예를 들면 다음과 같다.

• 거울 비춰 보기

오늘 하루는 모든 글자가 거울에 비친 것처럼 보인다고 생각해라. 당신의 시각이 어떻게 바뀌는지 느껴보자.

• 공상과학 소설이나 판타지 소설 읽기

평소 잘 읽지 않던 공상과학 소설이나 판타지 소설을 읽어보자. 당신의 두뇌에 환상의 세계가 펼쳐질 것이다.

• 기내 잡지 읽기

비행기 안의 잡지를 읽어보자. 실제로 내가 집필한 내용 중에서 기내 잡지에서 아이디어를 얻은 것이 많다. 모든 정보들을 버리지 말고 잘 활용해 보자.

• 과일의 단면 구조와 나의 삶 관찰하기

딸기, 단감 등의 과일을 쪼개서 그 구조를 꿰뚫어 보고 그 조직을 관찰해 보고 나의 삶에 비유해 보자.

• 관심 없는 책 읽기

전혀 관심이 없는 책을 손에 들고 단 몇 페이지만이라도 읽어보자.

- 관계없는 분야 훑어보기

  교보문고 같은 대형 서점에 들러서 전공과 전혀 관계가 없는 분야의 책이나 잡지들을 훑어보자.

- 광고 분석하기

  신문에 나와 있는 광고를 보고 그것이 무엇을 어떻게 광고하는지 분석하고, 그 물건이 어떤 것인지 상상해 보자. 취미란에 '광고 분석'이라고 적을 수 있을 만큼 자신감을 가지고 시도해 보자.

- 나의 두뇌 분석하기

  재일교포가 쓴 《뇌내혁명》이라는 책을 읽어보자. 그리고 당신의 두뇌를 잘 조정할 수 있는 방법을 터득하자.

- 낭독하기

  책을 읽을 때 큰 소리로 읽어보자. 큰 소리로 읽으면 두뇌 활동이 더 활발해진다.

- 눈에 띄는 글 읽기

  평소에 잘 읽지 않는 아무 잡지나 집어들어 눈에 띄는 대로 아무 글이나 읽어보자. 새로운 내용을 접하게 되면 그동안 사용하지 않았던 두뇌가 발달할 것이다.

- 드라마 보면서 음악 선곡하기

  드라마를 보면서 음악 선곡가의 자세로 장면에 어울리는 적당한 음악을 선택해 보자.

- 만화 읽기

  아주 재미있는 만화책을 한 권 읽어보자. 나는 가필드 만화를 좋아한다. 그의 유머를 좋아하고, 특히 인간의 성격들을 잘 묘사하는 점을 좋아한다. 가끔 그의 만화에서 강의 주제를 떠올리기도 한다.

- 매일 읽기

  매일 읽자. 읽는다는 것은 생각할 거리를 가져다주고, 쓸 거리를 가져다주고, 참신한 아이디어를 가져다준다.

창의적인 생활습관 만들기

자녀의 뇌를 행복하고 창의적으로 만들기 위해 그 전에 한 번도 시도해 보지 않았던 새로운 일을 찾아보자. 예컨대 동네 재래시장에 가보거나 미술관을 방문하는 것도 좋고 마술쇼를 보러 가는 것도 좋다. 아니면 하루 종일 공원을 산책하면서 꽃과 나무들을 관찰하고 주변의 소리에 관심을 가져보는 것도 좋다.

재미있게 이야기하는 능력을 키워라

앞으로 전개될 세상은 영화, 소설, 음악 등과 같이 창의적인 이야기 콘텐츠를 보유한 사람이 주도하게 될 것이다. 지식이나 정보를 많이 가지고 있어도 이야기를 재미있게 할 줄 모르는 사람은 인기를 얻지 못한다.

내가 알고 있는 석학 중에 논문도 많이 썼고 연구능력도 뛰어난 사람이 있는데, 단 한 번이라도 그의 강연을 들은 사람들은 다시는 그 사람을 강연에 초대하지 않는다. 이야기를 너무 재미없게 한다는 것이 그 이유다. 똑같은 내용이라도 재미있게 말할 줄 아는 재담꾼은 자신은 물론 타인을 즐겁게 하지만 그런 능력이 없는 사람은 사람들을 지루하게 만든다.

이야기를 잘하는 아이들은 학교에서 발표할 기회도 많아지고, 리더십을 발휘할 기회도 많아진다. 사회성이 좋은 것은 두말 할 것도 없다. 반면 아무리 머리가 좋아도 이야기를 재미있게 못하면 인기가 없다.

이야기 한 편이 국가 경쟁력을 좌우하는 세상

영국의 작가 조앤 K. 롤링이 만든 판타지 소설 《해리 포터》는 전 세계 사람들을 열광의 도가니로 몰아넣었다. '해리 포터' 시리즈가 1997년부터 2006년까지 기록한 총매출액은 308조 원이라고 한다. 이 안에는 소설, 영화, DVD 및 캐릭터 상품들도 포함되어 있다. 같은 기간 우리나라의 반도체 수출총액 231조 원과 비교하면 '해리 포터'의 총매출액이 얼마나 어마어마한지를 알 수 있다.

이제는 지식이나 정보를 많이 가진 사람이 부자가 아니라 '이야기'를 많이 가진 사람이 부자인 시대다. 조앤 K. 롤링은 개인 자산이 1조 120억 원이고, 빌 게이츠는 51조 원이다. 그런데 2002년에서 2007년까지의 6년간 평균재산 증가율을 보면 빌 게이츠는 2퍼센트인 데 비해 조앤 K. 롤링은 21퍼센트였다.

이야기가 한 개인의 경쟁력을 넘어 국가의 경쟁력이 될 수 있는 시대에 살고 있는 것이다. 판타지 이야기 하나로 이렇게 고부가가치를 만들어내는 조앤 K. 롤링만 보더라도 미래에는 이야기가 더 중요해지리라는 것을 확신할 수 있다.

이 책이 처음 나왔을 때, 전 세계를 해리 포터 열풍에 빠지게 하는 시리즈물로 탄생할지 그 누가 알았을까! 난 서평을 부탁받고 이 책을 읽었는데, 그 후로 《해리 포터와 혼혈왕자》까지 직접 챙겨보았다. 해리 포터 시리즈의 6탄인데, 등장인물들이 어느새 성인이 되어 색다른 시각으로 책을 볼 수 있었다. 하늘에서 마법 빗자루를 타고 박진감 넘치게 날아다니는 마법학교 학생들을 보면 어른 아이 할 것 없이 그 빗자루 위에서 하늘을 마음껏 날아다니고 싶은 상상에 빠지게 된다.

왜 어른 아이 할 것 없이 해리 포터 같은 판타지 이야기에 열광하는 것일까? 아이와 같은 눈으로 세상을 보면서 이 세상에도 마법과 같은 신기한 일이 일어났으면 하는 동심이 눈을 뜬 것은 아닐까? 세상사가 지루하고 무엇인가 내 마음대로 잘 안 되는 것 같은 날에는, 또는 아이와 코드를 맞추고 싶은 날에는 함께 〈해리 포터와 혼혈왕자〉와 같은 영화를 보자. 그리고 아이에게 판타지 작가가 된다면 어떤 이야기를 만들고 싶은지, 어떤 사람을 주인공으로 만들고 싶은지에 대해 상상의 나래를 펼쳐보게 하는 것도 좋다.

이제는 신제품에도 '스토리텔링'이 필요하다. 스토리텔링이 있으면 사람들을 더 감성적으로 끌어당기고 행복하게 만들어주기 때문에 이제는 모두 사업에서 '이야기'를 필요로 한다.

부모의 이야기 보따리가 창의적인 아이를 만든다

'미래상상연구소'의 홍사종 대표는 어린 시절 그의 어머니가 늘 이야기를 들려주었다고 한다. 꽃 이름, 나무 이름에 얽힌 이야기와 옛날이야기를 들려주다가 이야기 밑천이 떨어지면 이야기를 지어서 들려주었다고 한다. 평소 독서량이 풍부한 그의 어머니는《삼국사기》나《삼국유사》등의 고전에서 발췌한 수준 높은 이야기들을 들려주셨는데, 이야기를 그대로 들려주신 것이 아니라 상상력을 동원해서 각색해서 들려주셨다고 한다.

'창의적인 부모가 창의적인 아이를 만든다'는 말이 있듯이 부모가 자녀에게 어렸을 때부터 이야기를 들려주면 어른이 돼서도 이야기를 잘하는 창의적인 사람이 된다.

부모의 이야기보따리가 부실하다면 지금부터라도 그것을 알차게 채워 보자. 어렸을 때 조부모나 부모가 다양한 이야기를 들려주면 언젠가 그 상상의 보따리를 풀어 소설가나 시인, 드라마 작가, 영화감독, 시나리오 작가, 애니메이션 작가, 연출가, 안무가가 될 수도 있다. 게임을 만들 때 창의적인 이야기를 불어넣어 독보적인 게임을 만들 수도 있고, 창의적인 노랫말을 떠올릴 수도 있다.

뿐만 아니라 국제협상 무대에서 협상도 잘할 수 있게 된다. 미국의 클린턴 전 대통령이나 오바마 대통령도 이야기를 잘할 줄 아는 능력을 지녔다. 그들은 이야기를 통해 사람들에게 자신의 신념과 철학을 지혜롭게 전달할 줄 알고, 자신의 가치를 슬기롭게 전할 줄 안다. 이야기로 사람들의 감성을 자극하는 능력이 있기 때문이다. 요즘 많은 엄마들이 내 아이가 학교에서 회장이나 부회장이 되길 바라는데, 리더십이 필수조건이라는 점을 알아야 한다. 그리고 그 리더십의 시작은 '이야기'에서 시작된다고 할 수 있다. 이야기를 잘하는 사람 곁에는 사람들이 모이기 마련이다.

이렇게 어린 시절 부모님이 들려주신 이야기 보따리는 전 생애에 영향을 미치게 된다. 이야기 안에는 인간을 행복하게 만들어 주는 '감성'이 있기 때문이다.

언젠가 당신의 자녀가 할리우드에서 기발한 이야기를 만들어내는 스토리텔러가 될 수도 있다. 이야기는 단순히 글이나 말이 아니다. 이야기는 우리가 보유한 어떤 물리적 자원보다 훨씬 더 가치 있고 귀중한 미래자원이다. 지금부터라도 아이에게 다양한 이야기를 들려주자.

이야기를 잘하면 과학이든 예술이든 인문과학이든 사회과학이든 모든 분야에서 창의적인 것을 만들어낼 수 있다. 과거에도 그랬고, 현재에도 창의적인 사람은 실제로 '부자'다. 조앤 K. 롤링뿐만 아니라 창의적인 시인이나 소설가, 화가, 감독, 배우 등은 자신만의 영역에서 창의력을 발휘하기 위해 피나는 노력을 기울인 사람이다. 그 결과 그들은 원하든 원하지 않든 부자가 되었다. 스토리텔링이든 영화든 연극이든 그 어떤 형태가 되었든지 창의적인 노력을 기울이는 사람에게는 자신도 모르는 사이에 물리적인 '부'가 따라붙는다.

오늘부터 자녀에게 이야기를 들려주고, 또 이야기를 만들게 해보자. 아직 어려서 글자를 읽을 수 없다면 그림을 보여주고 이야기를 들려주자. 그리고 어린 자녀에게 그림을 보여주고 이야기를 만들어 보도록 하자. 창의적인 스토리텔링은 바로 여기서부터 시작된다.

창의적인 생활습관 만들기

자녀와 함께 이야기 만들기 활동을 해보자. 누가 더 상상력이 넘치는 이야기를 만드는지 서로의 이야기에 귀를 기울여 보자.

creative

세상의 변화에 민감한 부모가
창의적인 아이를 만든다!

유엔미래포럼 말레이시아 대표인 니티 디바^{Nithy Theva} 세인스 말레이시아대학교 교수는 말레이시아 정부가 앞으로 초·중등학교에서의 교과목을 현재의 국어, 수학, 과학, 생물, 지리 등에서 문제해결능력, 의사결정능력, 비판적인 사고능력, 창의적인 사고능력, 의사소통 능력, 팀워크, 리더십 등으로 완전히 바꾸기 위해 우선 대학에서의 전공 과목을 대대적으로 수정하는 작업에 들어갔다고 밝혔다. 이것은 지식 위주의 교육에서 완전히 다른 방향으로 천지개벽을 선언하는 것과 같다. 말레이시아뿐만 아니라 핀란드 등 몇 개국에서도 이와 같은 노력을 기울이고 있다는 점은 우리에게 시사하는 바가 크다.

2015년이 되면 15살에 가상 대학에 들어갈 수 있는 세상으로 바뀐다고 하니 급변하는 세상에 창의적으로 적응하는 사람만이 성공할 수 있을 것이다. 부모는 이런 세상의 변화에 민감해야 하고 창의력과 문제해결능력을 키우는 교육에 많은 관심을 기울여야 한다.

우리나라에서는 2009년 7월 15일에 미래형 실험학교인 경기창조학교가 개교하였다. 명예교장인 이어령은 창조학교를 창조문화와 창조인재 육성을 목적으로 하는 대안학교이자 평생교육 공간으로 만들겠다고 밝혔다. 또한 우리나라의 창조문화를 이끄는 김남조, 금난새, 박범신, 이영희 등이 창조 멘토로 활약하게 되었다. 사이버 캠퍼스는 경기도민뿐만 아니라 누구나 이용할 수 있다. 수업은 창조교육의 이론과 실제를 체험하는 '창조이론', 언어 테스트를 통해 사고력을 증진시키는 '창조 언어와 인문학', 예술적 상상력을 통해 감성과 지성을 아우르는 '창조 예술과 엔터테인먼트', 창조적 사고와 상상력을 통해 새로운 과학기술을 발견하고 지적 재산권을 획득하자는 '창조 과학과 기술', 기업활동과 가정살림의 창조적 아이디어를 발견하고 기업문화를 창조하자는 '창조 경영과 기업'으로 구성되어 있다.

시의적절한 치맛바람이 필요하다

대부분의 부모들은 가치관이 뚜렷하지 않아서, 또는 창의력 교육의 중요성을 제대로 인식하지 못해 엉뚱한 곳에 시간과 돈과 에너지를 낭비하고 있다. 자녀의 소중한 두뇌를 주입식 교육과 선행학습으로 망치고 있는 것이다. 유아기 시절의 창의적인 두뇌 발달은 너무나도 중요한데 국가와 부모가 이를 간과하고 있다.

나는 우리나라에서 교육받은 학생들이 글로벌 경쟁사회에서 뒤처질 수밖에 없는 이유가 '창의력 교육의 부재'에 있다고 감히 말할 수 있다. 우리가 살고 있는 지식기반 사회에서는 창의적인 사고를 할 수 있는 우수한 두뇌가 국가발전의 견인차 역할을 하기 마련이다. 따라서 국가 경쟁력도 창의적인 핵심인재를 얼마나 많이 확보하느냐에 달려 있는데, 국가에서 이런 교육제도를 구현하기 위해서는 많은 시간이 걸린다. 정부가 교육개혁을 하고 교육과정이 전면 개편되어 창의력 교육이 실시된다고 해도 그 동안 몇 년이 흘러가버리게 된다. 그 과정에서 우리의 자녀는 창의력 발달에 중요한 유아기를 그냥 지나치게 될 것이다. 그렇기 때문에 부모들은 손 놓고 기다리지 말고 자녀의 미래를 위해 현명한 선택을 해야 한다. 이것이야말로 미래지향적인 부모의 역할이다.

부모들은 그 어느 때보다 부지런해져야 한다. 지금 전 세계에서 어떤 교육이 이루어지고 있고, 내 아이가 글로벌 사회에서 창의적이고 행복한 사람으로 살아가려면 어떤 교육이 필요한지에 대해 판단하고 결정하고 선택을 해야 한다. 내 아이에게 적절한 교육방법이 우리나라에 없다면 다른 나라에 가서라도 그 해법을 찾아야 할 것이다.

어떤 부모든지 자신의 아이에게는 가장 좋은 교육을 받게 하고 싶은 욕심이 있다. 빌 클린턴Bill Clinton 전 미국 대통령도 대통령 선거 캠페인 당시에는 공립학교 운운했지만, 정작 자신의 외동딸 첼시는 유명 사립학교 시드웰 프렌즈에 다니게 했고, 오바마의 두 딸 역시 이 학교를 다닌다고 한다.

우리나라의 자녀교육 현장은 마치 '전쟁터'를 방불케 한다. 우리나라의 부모들온 자녀교육을 위해 매일매일 전쟁을 치르고 있다고 해도 과언이 아니다. "나는 교육과 전쟁 중이다"라고 선언하는 부모도 많다.

하나의 예를 들자면 부모들은 자녀가 어릴 때부터 '스펙' 올리기에 열심이다. 스펙은 신상명세서를 의미하는 영어 specification에서 파생된 신조어로, 신규 채용 시에 반영되는 최종 학력과 어학 점수, 평균 학력 등을 가리킨다. 그런데 자녀의 스펙을 갖춘다는 명목으로 아이가 만 세 살이 되기 전부터 이런 경쟁대열에 합류하는 부모들이 있다.

자녀를 위한 교육이라도 시의적절하고 제대로 된 치맛바람이어야 한다. 무조건 "남들이 유학 보내니까 나도 보내야지", "옆집이 미국으로 유학 보내니까 나도 미국으로 보내야지" 같은 무분별한 사고방식은 버려야 한다. 내 아이의 특성과 능력을 제대로 파악해서 적절한 학습을 선택해야 한다. 그러기 위해서는 부모의 창의력과 정보력, 학습력, 선택력이 매우 중요하다.

동네 사우나에서 얻는 정보가 전혀 가치가 없다고 말할 수는 없을 테지만 제대로 된 부모라면 전 세계 네트워크에 연결해서 다양한 정보를 수집하고 분석해서 아이에 대한 최고의 전략가이자 전문가가 될 수 있도록 노력해야 한다. 시대정신을 읽을 줄 알고, 세계가 어떻게 변화하는지를 감지할 수 있는 예민한 안테나를 지녀야 한다는 말이다.

남들과 다를 때 경쟁력이 커진다

세계와 어깨를 나란히 하고 있는 삼성에서는 지금 창의성 훈련은 물론

'직원들이 어떻게 창의성을 발휘하느냐' 하는 문제를 놓고 씨름하고 있다. 우리나라가 정보기술 IT 강국이면서도 마이크로소프트나 애플 같은 소프트웨어 분야에서 약한 모습을 보이는 이유는 바로 '창의성 부족' 때문이라는 것을 삼성을 비롯한 다른 기업에서도 인정하고 있다.

세상은 그렇게 바뀌고 있다. 이제 우리나라도 구체적으로 창의력 교육에 관심을 갖기 시작했다. 남을 누르고 남보다 더 잘 되기 위해서가 아니라 미래에 '남과 다르기 위해', '차별화되기 위해' 창의적인 노력을 해야 한다.

마지막으로 당신의 자녀를 창의적으로 키우기 위해 특히 노력해야 할 점 몇 가지를 꼽아보았다.

1. 미래에 대한 뛰어난 통찰력이 필요하다.

현재와 미래 사이에서 '선택'에 직면하게 될 때 대부분의 사람들은 '현재'를 선택하지만 나는 늘 '미래'에 치중했다. 현재 유행하고 있는 길은 지금 당장은 전망이 있는 것처럼 보이지만, 미래에는 이미 사그라질 분야일 수 있다. 현재도 중요하지만 좀 더 멀리 미래를 내다보는 안목이 있어야 한다. 특히 자녀교육에서는 미래에 대한 통찰력이 필요하다.

지금 미국에서는 '헬리콥터 부모' 신드롬을 넘어 '식스 포켓족'이라는 단어가 유행하고 있다. 부모, 조부모, 외조부모 등 여섯 명의 보호자들로부터 아낌없이 경제적 지원을 받는 식스 포켓족 현상이 우리나라에서도 일어나고 있다. 여섯 명의 시선이 한 아이에게 집중되는 것이다. 이제는 자식에 대한 사랑이 애정은 물론이고 물질로도 이루어지는 시대가 되었다. 자칫 잘못하면 여섯 명의 과잉 관심으로 자녀교육은 물론 인생이 완전히 다른 방향으로 흘러가고, 심지어 아이 인생을 망칠 수도 있다는 점을 잊지 말아야 한다.

개인적으로나 국가적으로나 지금 세계인에게 필요한 것은 '창조적인 미래형 인간'이다. 창의적이고 개성 만점인 행복한 인재가 필요한 것이다. 지식 위주의 주입식 교육만 할 것이 아니라 남의 말을 잘 들을 수 있고 브레인스토밍을 할 수 있는 능력, 스스로 문제를 발견하고 풀 수 있는 능력, 혼자 창조해낼 수 있는 능력을 키우려면 어려서부터 다양한 시각으로 세상을 볼 수 있는 안목을 키워줘야 한다. 정부가 이를 실천하려면 아주 많은 시간이 필요하다. 정부 정책에 목매고 있다가는 버스는 이미 떠나고 말 것이다. 따라서 우리는 시간을 앞서갈 수 있는 혜안을 지닌 부모가 되어야 한다.

2. 생활 속에서 하루에 한 가지씩 창의적인 생활습관을 유지한다.

나는 '이렇게 하면 아이의 창의력 두뇌를 만들 수 있으니 꼭 하라'고 강요하고 싶지는 않다. 하지만 여기에 소개한 방법들을 꾸준히 지속한다면 언제 어디서 무엇을 하든 창의적인 능력을 발휘해야 할 때 돋보일 수 있다. 지금 당장은 창의력이 최고 수준이 아니더라도 생활 속에서 꾸준히 실천하다 보면 계속 발전하는 것을 느끼게 될 것이다.

또, 많은 방법 중에 한 가지를 실천하더라도 그 방법이 6개월이고 1년이고 유지될 수 있도록 습관을 들이도록 하자. 동화책이든, 요리든, 영화든 당신이 선택한 창의적인 활동 중에 한 가지를 하더라도 중도에 그만두지 말고 지속하기 바란다.

'창의성 일지'를 기록하면서 실천했던 활동에 대한 느낌을 간단하게 적어도 좋다. 창의성 일지가 한 권, 두 권으로 이어지면서 창의력은 꾸준하게 발전할 것이다. 느낌을 꼭 글로 기록하지 않아도 된다. 간단한 그림이나 스케치로 그려 넣어도 된다. 그것도 귀찮으면 녹음을 하거나 동영상으로 매일매일 기록해도 좋다. 창의적인 방법으로 창의성 일지를 기록하면서 자신의 '기네스 기록'에 도전한다면 또 다른 재미까지 얻게 될 것이다.

3. 브레인 피트니스를 위한 두뇌 영양관리가 필요하다.

타이거 우즈Tiger Woods와의 대결에서 승리한 양용은 선수는 상상을 초월하는 연습량과 함께 경기 전과 도중에 그리고 경기가 끝나고 난 후에도 철저한 식이요법을 해서 경기력을 극대화했다고 한다. 4시간 이상 계속되는 골프 라운딩에서 끝까지 최상의 컨디션을 유지하려면 경기 전 식사와 간식, 물 등 영양성분을 꼼꼼하게 따져서 먹어야 한다고 한다.

운동에서만 식이요법이 필요한 게 아니다. 창의력 교육을 할 때도 마찬가지다. 브레인 피트니스를 제대로 하려면 두뇌를 위해 창의력 수업 전에 먹어야 할 음식, 휴식시간에 먹어야 할 간식과 음료수를 꼼꼼하게 신경 써야 한다. 살아 숨 쉬는 뇌에 많은 관심을 갖고 두뇌가 창의적으로 잘 작동될 수 있도록 자녀가 섭취하는 음식에 신경을 쓰자.

그런데 대부분의 부모가 창의력 수업에만 관심을 갖지 뇌를 관리하는 데는 소홀한 것이 현실이다. 두뇌관리를 게을리하면 뇌가 혹사를 당하기 때문에 본격적으로 창의력을 발휘할 때가 되면 뇌가 노화되어 기진맥진한 상태일 수 있다. 이를 명심하여 평소에 두뇌관리가 잘 될 수 있도록 신경쓰자.

참고문헌

119 study 집필진, 《영화를 알면 논술이 보인다》, 스크린 M & B.
김민석, 《세계의 모든 스타일》, 디자인하우스.
이외수, 《하악하악》, 해냄.
이외수, 《글쓰기의 공중부양》, 해냄.
전경원, 《창의성을 잡아요 확》, 창지사.
전경원·김지연, 《생활 속의 창의성 개발 2 : 오감과 지성》, 창지사.
전경원, 《신문을 이용한 창의성 교육》, 창지사.

롤프 옌센, 《드림 소사이어티》, 서정환 옮김, 리드리드출판.
로이 레비, 《Undress your stress》, Barnes and Noble Books.
말콤 글래드웰, 《아웃라이어》, 노정태 옮김, 김영사.
베르나르 베르베르, 《개미》, 이세욱 옮김, 열린책들.
벤자민 블룸, 《Developing talent in young people》, N.Y. : Ballentine Books.
스티븐 킹, 《유혹하는 글쓰기》, 김진준 옮김, 김영사.
아우구스토 쿠리, 《드림셀러》, 박원복 옮김, 시작.
조앤 K. 롤링, 《해리 포터》 시리즈, 죄인자 옮김, 문학수첩.
쥘 베른, 《80일간의 세계일주》, 김주열 옮김, 창비.
테레사 M. 애머빌, 《창의성과 동기유발》, 전경원 옮김, 창지사.
폴 오스터, 《달의 궁전》, 황보석 옮김, 열린책들.
폴 L. 해리스, 《흥미로운 유아의 상상력 세계》, 전경원 옮김, 교문사.
하루야마 시게오, 《뇌내 혁명》, 심정인 옮김, 사람과책.

창의력 두뇌는
만들어진다

초판 1쇄 인쇄 2014년 9월 11일
초판 1쇄 발행 2014년 9월 15일

지은이 전경원
펴낸이 김옥희
펴낸곳 아주좋은날
기획편집 이미숙, 박소연
표지디자인 디자인스튜디오 랑
본문디자인 안은정
마케팅 최현욱, 김혜경

출판등록 2004년 8월 5일 제16-3393호
주소 서울시 강남구 테헤란로 201, 501호
전화 (02) 557-2031
팩스 (02) 557-2032
홈페이지 www.appletreetales.com
블로그 http://blog.naver.com/appletales
페이스북 https://www.facebook.com/appletales
트위터 https://twitter.com/appletales1

※ 이 책은《엄마가 키워주는 창의력이 공부력이다》의 개정 증보판입니다.

ISBN 978-89-98482-29-9 (13370)

이 도서의 국립중앙도서관 출판시도서목록(CIP)은 서지정보유통지원시스템 홈페이지(http://seoji.nl.go.kr)와
국가자료공동목록시스템(http://www.nl.go.kr/kolisnet)에서 이용하실 수 있습니다.
(CIP제어번호 : CIP2014024033)

아주좋은날은 애플트리태일즈의 경제 실용 전문 브랜드입니다.